DEMMLER VERLAG

*Dieser biographische Roman folgt den
Lebensdaten und -umständen Heinrich Seidels.
Hier und da hat der Autor seine Geschichte mit erfundenen
Situationen, Figuren und Dialogen ausgeschmückt
und ihr mal eine Standuhr, mal einen Zeisig beigefügt, damit
am Ende herauskommt, was Heinrich Seidels Zustimmung
finden könnte: ein erzähltes Leben.
J. B.*

Jürgen Borchert

Heinrich Seidels
Lebenswelten

oder
Die Nachtigall singt keine Klage

Roman

DEMMLER VERLAG

Titelbild:
Paul Brockmüller, Bildnis Heinrich Seidel 1903

Grafiken:
Werner Schinko, Röbel

Für die Veröffentlichungsgenehmigung
des Titelbildes sei dem Staatlichen Museum Schwerin
herzlich gedankt.

© 1997 Demmler Verlag
& Verlagsbuchhandlung
Dr. Margot Krempien
Bahnhofstraße 36, 19057 Schwerin
Telefon/Fax: (03 85) 4 84 49 79

1. Auflage 1997

Satz: TypoLiner GmbH Leipzig
Druck: Druck- und Verlagshaus Erfurt
Buchbinderische Verarbeitung:
Kunst- und Verlagsbuchbinderei GmbH Leipzig

ISBN 3-910150-40-3

INHALT

Die Kapitelüberschriften sind Seidels Merkbüchern entnommen.

I

Der schattige Briefkasten

(1841–1860)

Heinrich las. Er lag der Länge nach zwischen den efeuüber-
wucherten, eingesunkenen Gräbern des Pastors Dethloff Chri-
stoph Merian zu seiner Linken und der ehrbaren Wittib von
Merians Amtsvorgänger Schmaltz zu seiner Rechten. Über das
gußeiserne, vor Jahr und Tag schon umgestürzte Grabkreuz der
Pfarrfrau Christiane Schmaltz, dessen verrosteter Querbalken
aus dem Efeu hervorragte, marschierte eilig eine Feuerwanze.
Sie äugte über den Rand der warmen Eisenscheibe, bewegte die
Fühler witternd hin und her und ließ sich schließlich auf das
Weiße da unter ihr herabfallen. Bepp! machte es, als das Tierchen auf Heinrichs Buch auftraf. Es rappelte sich, bewegte den
winzigen Kopf, putzte sich wie eine Fliege die Hinterbeine und
schien sich wohlzufühlen. Heinrich, der zwar volles Verständnis
für die Empfindungen einer Feuerwanze hatte und mit ihr das
wohlige Gefühl des Sonnenbadens teilte, scheuchte sie dennoch
behutsam von dem bedruckten Papier, denn ausgerechnet auf

jener Zeile, die er gerade lesen wollte, mußte sie ja nicht Platz nehmen. Nun, einem Heupferd vielleicht, einem so würdigen Vertreter des vielfältig den Friedhof bewohnenden Getiers, hätte man es ja eben noch verstatten können, aber eine Feuerwanze hatte nun wirklich nichts in der homerischen Ilias verloren. Sie störte in der Geschichte vom Kampf um Troja.

Das Buch, in dem Heinrich hier zwischen den Gräbern las, stammte aus der Bibliothek seines Vaters; nur zögernd hatte der Pastor die Benutzung gestattet, denn es war ein kostbares Buch, die erste Ausgabe des „Ilias" in der Übersetzung des Johann Heinrich Voß und mit dessen eigenhändigem Namenszug versehen. Es trug die Jahreszahl 1781 und war jetzt, da Heinrich darin las, schon siebzig Jahre alt. Sein Vater hatte es von Herrn Brückner bekommen, der als Geheimer Sanitätsrat in Schwerin lebte. Der wiederum besaß es aus der Bibliothek seines Vaters, eines berühmtem Botanikers und Arztes in Ludwigslust. Dessen Vater war Arzt in Neubrandenburg gewesen und hatte das Buch aus dem Nachlaß seines Bruders Ernst Theodor Brückner geerbt, der mit Voß zusammen dem Göttinger Dichterbund angehört hatte. Und alle hatten sie eifrig darin gelesen, was man denn der alten Schwarte auch ansah: Der Rücken war geplatzt, die Lederecken des Einbandes abgestoßen, ein paar Seiten waren lose, einige Fettflecken und Eselsohren hatte Heinrich beigesteuert, denn er las darin, solange er überhaupt lesen konnte. Er hatte zwar auch die von seinem Vater sehr geschätzten Sagengeschichten von Herrn Schwab gelesen, fand aber viel schöner, wie Voß die Sache erzählte. „Nicht Voß, Heinrich, Homer!" sagte

11

Pastor Seidel immer. „Voß hat's bloß ins Deutsche übersetzt!" Bloß! wie das klang! Ja, Vadding-Pasting hatte gut reden – er in seiner unglaublichen Gelehrsamkeit konnte natürlich das griechische Original lesen, und Heinrich hörte ganz gern zu, wenn Vater mit seiner dröhnenden Predigtstimme aus dem Homeros auf Griechisch vortrug. Der konnte tatsächlich den ganzen Ersten Gesang der Ilias auswendig! Das würde Heinrich nie lernen. Schon diese fremden Buchstaben, alle diese Alphas und Omegas und Gammas und Thetas – nee. Deutsch klang zwar nicht so prächtig, aber schlecht war es auch nicht. Und dieser Voß – der hatte das gewußt.

Heinrich mochte sich gern vom Heben und Sinken des Redestroms treiben lassen, wenn er auf dem Friedhof zwischen Kirche und Pfarrhaus auf dem Bauch lag und las.

„Heinerich! Heinerich!" tönte eine dünne Stimme aus der Richtung des Pfarrhauses, und richtig: Als Heinrich aufsah, hob sich oben am Giebel der turmlosen Kirche, die wie eine alte Glucke steingrau über den Gräbern hockte, der kleine eiserne Hammer der Stundenglocke mit betulichem Geknirsche und fiel mit einem eher sanften und zögernden Fall auf das Glöckchen nieder. Das stieß einen mürrischen f-Ton aus, der kaum Zeit hatte, in der Mittagsstille zu verzittern, da war das Hämmerchen schon zum zweiten Mal zur Stelle und zum dritten und zum ... Heinrich brauchte nicht mitzuzählen, die Uhr schlug genau elfmal, und dann war es zwölf, denn der zwölfte Zahn im Schlagkranz der Kirchenuhr war abgebrochen; zu mehr reichte es nicht. Es war also jetzt zehn Minuten vor zwölf, insofern ging

12

sie richtig, die Uhr; nur man mußte es wissen. Da aber Fremde höchst selten nach Perlin kamen, so schadete das gar nichts und bedeutete allemal: wenn es zehn vor zwölf elfmal schlug, war Mittagszeit.

„Heinerich! Heinerich!" wiederholte sich, als die Uhr schwieg, die dünne Stimme, schon drängender. „Heinäääährich! Heinäääährich!" äffte Heinrich die gute Trine nach, hob sich aus seinem sonnenwarmen Lager, klappte das Buch zu, klopfte sich den weißen Friedhofssand von der zerschrammten Kniehose und folgte der Stimme über die alte Trockenmauer aus Findlingsblöcken, die Heerscharen von Feuerwanzen und einigen Eidechsen zur Wohnung diente, und lief durch den Apfelgarten zum Haus. Er schwenkte die Hände kurz durch die Regentonne neben der Haustür, wedelte sie mit gespreizten Fingern neben den Ohren, damit sie trockneten, und betrat so die Diele, in der die Familie sommers aß.

Alle waren schon versammelt, bis auf ihn und den Vater. Der kam immer zuletzt. Als Erstgeborenem hatte er seinem Sohn stillschweigend das Recht eingeräumt, der vorletzte sein zu dürfen, und so schielte er durch das gläserne Guckloch in der Tür. Wenn Heinrich, wie alle anderen, hinter seinem Stuhl stand, erschien auch der Pastor zu Tische. Er hatte seinen Platz am Kopfende der Tafel, wie es sich gehörte, und zu seiner Rechten saß Johanne, seine Frau, und zu seiner linken hatte Heinrich seinen Platz – eben alles, wie es sich gehörte.

Pastor Heinrich Alexander Seidel war vierzig Jahre alt, von gedrungener, aber nicht kleiner Gestalt; seine großen braunen

Augen und das rundliche Kinn gaben seinem Gesicht einen offenen, menschenfreundlichen, indes auch selbstbewußten Eindruck, und seine vollen, dunkelblonden Haare, die leicht gewellt und um die Ohren herum kraus gelockt waren, ließ er sich, wenn es not tat, von Schäfer Biewendt mit der Schere schneiden. Dies war erst in den letzten Tagen geschehen, und so sah der Pastor heute besonders würdig und schön aus. Das fand nicht nur Heinrich, sondern auch Johanne, seine Frau. Die war einen ganzen Kopf kleiner als „Pasting" und sprach im Gegensatz zu ihm, der es nur selten und wenn, dann im Zorn gebrauchte, ein eilfertiges Plattdeutsch. Das mußte sie auch, denn sie hatte durch die ihr übertragene und mit großer Geduld geübte Regentschaft über den umfangreichen Haushalt ständig mit dem Volk in jederlei Gestalt zu verkehren, und das Volk sprach nun einmal nicht anders. Da war zunächst Trine, die, solange Heinrich sich erinnern konnte, seiner Mutter zur Hand ging, in der Küche sich ihrer Naturbegabung, dem Kochen, hingab, für sämtliche Wehwehchen der Kinder das einschlägige und stets wirksame Hausmittel wußte und ihre Ehre darin sah, den Mittagsschlaf des Pastors zu bewachen. Dann gab es Hinnerk Einbeen, den Kutscher und Gärtner, einen Kriegsinvaliden, der tatsächlich mit Blücher in Waterloo gewesen und dort seines linken Fußes verlustig gegangen war. Der war alt und grau, bekam eine kleine Ehrenpension und kümmerte sich für Gotteslohn und Essen um Garten und Pferd des Pastors. Der sprach nicht nur ausschließlich plattdeutsch, sondern verstand das Hochdeutsche tatsächlich nicht und mußte sich von Trine die

14

Sonntagspredigt übersetzen lassen. Jedes Jahr zu Johanni zwängte er sich ächzend in seinen alten Uniformrock und fuhr mit Pastors Wagen, die brave Lotte blank gestriegelt, nach Lützow hinüber, wo der Schulze die sechzig Taler Jahresgeld auszahlte. Hinnerk Einbeen hieß eigentlich Heinrich Einbohm, weshalb er jedesmal, wenn der Schulze von Lützow seinen Namen aufrief, die Hand hob und sprach: „Dat sall ik woll sien!" Dann krakelte er seinen Namen auf das Amtspapier. „Seggen Se unsen Grothehrzoch scheunen Dank ok, Schult!" sagte er, kletterte mühselig wieder auf den Bock und fuhr nach Perlin zurück. Niemals hatte je einer in Perlin gehört, daß Hinnerk Einbeen von seinen sechzig Talern auch nur einen einzigen ausgegeben hätte, und so ging das Gerücht, er habe in seiner Stube auf dem Pfarrhausboden einen Hort blanker Talerstücke angehäuft. Das aber, so wußte Heinrich, stimmte nicht, denn Vadding-Pasting nahm Hinnerk Einbeens Pension jedesmal nach Johanni mit nach Schwerin, wo er sie beim Justizrat Hobein für die Wechselbank einzahlte. Am Familientisch der Seidels indes saß Hinnerk Einbeen nicht; er war beim Essen lieber für sich und hätte sicherlich Mühe gehabt, seine hornigen Fingernägel so rein zu halten, wie Pasting es bei Tische verlangte. Ja, Trine! Die steckte den ganzen Tag mit ihren Patschhändchen in irgendwelchen Feuchtigkeiten, wusch, spülte oder knetete Butter. Die konnte sich sehen lassen bei Tisch. Proper, wie immer, stand sie auch jetzt hinter ihrem Stuhl, dem Pastor gegenüber am anderen Tischende und hatte die Hände schon gefaltet, wenn Pasting aus seiner Studierstube trat. Heinrichs Geschwister und ihn selbst

15

musternd, nickte er Trine zu, was wohl als Lob für den Essens-
duft gemeint war, gab seiner Frau einen Kuß auf die Wange und
tat seine Hände nach lutherischer Art zum Gebet zusammen.
„Herr, wir danken dir für deine Gnade und für unser tägliches
Brot! Amen." Mehr betete er nicht, es sei denn an Sonn- und
Feiertagen, daß es länger ausfiel. So setzte man sich nun, Mutter
Johanne und Trine taten ihnen auf, erst dem Pastor, dann den
Kindern, dann sich selbst. Daß beim Essen geschwiegen wurde,
war selbstverständlich. So hörte man nur das Geklapper der
Löffel, das schwere Klacken der großen Standuhr und das
Summen eines Brummers am Fenster. Die feierliche Stimmung
des gemeinsamen Essens übertrug sich auch auf Josias, den
großen weißen Kater, der, den Schwanz artig um die Beine
geringelt. wie versteinert neben dem Pastor auf den Dielen saß
und seinem Herrn unverwandt zusah. Hatte Pasting gute Laune,
fiel auch schon mal ein Häppchen zu ihm herab, das er manier-
lich verzehrte, um sofort wieder seine statuarische Position
einzunehmen. Er aß später. was vom Übriggebliebenen ihm
behagte, in der Küche neben dem warmen Herd.

Neben Heinrich bei Tisch saß Werner, sein drei Jahre jünge-
rer Bruder. Der hatte mit seinen fünf Jahren einen erstaunlich
ausgeprägten Sinn für den Sternenhimmel. Alle Sternenbilder
konnte er benennen und alle Sagen dazu erzählen, natürlich in
seiner kindlichen Art stark vereinfacht. Ansonsten war er als
Spielgefährte nicht recht zu gebrauchen, denn er hatte einen
allzu ängstlichen Sinn und eine unaussprechliche Angst vor
Wasser in jeder Form. Dennoch war er der unerschütterlichen

Meinung, dermaleinst ein großes Schiff als Kapitän zu führen. „Du willst Kapitän werden?" sagte Vadding-Pasting gelegentlich, um ihn aufzuziehen. „Kannst ja nicht einmal schwimmen!" „Das brauch' ich nicht, das tut das Schiff!" antwortete Werner in kindlicher Ernsthaftigkeit, und Vater Seidel mußte lachen. „Das brauch' ich nicht, das tut das Schiff!" ging als stehende Redewendung in den Wortschatz der Familie Seidel ein und wurde bei passenden und unpassenden Gelegenheiten zitiert. Daß Werner mit seinen eben fünf Jahren schon lesen konnte, war für keinen der Seidels ein Wunder. Nur mit dem Schreiben ging es noch nicht so recht.

Von den beiden kleinen Schwestern Frieda und Klara, vier und zwei Jahre alt, machte Heinrich nicht viel Wesens. Nicht, daß er sie nicht geliebt hätte, die putzigen „lütten Madammen", wie Trine sie nannte. Brav löffelten sie, Clara zwar noch etwas ungeschickt, aber doch schon „richtig wie ein Mensch", ihre Suppe, und Clara leckte zum Schluß ihren Löffel ab. „Aber Clara!" sagte Mutter Johanne, und das Mädchen mit seinen steif geflochtenen kurzen Zöpfen drehte ihre blauen Kulleraugen so kokett ihrer Mutter zu, daß alle lachten, und es war wieder gut. Ach ja, er hatte sie lieb, die beiden kleinen Schwestern, er machte ihnen schon mal eine Rohrpfeife oder einen Brummkreisel oder fing ihnen einen Maikäfer oder einen Wetterfrosch, aber dann erlosch doch seine Interesse an ihrer Puppenwelt wieder. Robinson lockte und Odysseus und der See hinter dem Dorf und der Bach und die Hügel und der Wald, in dem die Jagd nach Steinpilzen das überhaupt spannendste war, was Heinrich sich

17

für die Tage des Herbstes auszumalen imstande war. Dieser Herbst, der nun kam, war sein letzter in Perlin, aber er wußte davon noch nichts.

Nach dem Essen pflegte sich Vadding-Pasting für ein halbes Stündchen auf die Ottomane zu legen. Trine hatte strengste Weisung, in dieser halben Stunde nichts und niemanden an ihn heranzulassen. Auch Frau Johanne respektierte diesen Ukas, denn schließlich stand ihr Pastor jeden Morgen mit den Hühnern auf, um an seiner Predigt zu werkeln, die praktischen und die seelsorgerischen Arbeiten eines Landpfarrers zu erledigen, seine Korrespondenz zu bewerkstelligen, die sich zum großen Teil aus seiner wichtigen Mitgliedschaft in der Kirchenliedkommission ergab, schließlich Konfirmandenunterricht zu erteilen und seine Kinder zu unterrichten. Für diesen Teil seines Arbeitstages waren die Stunden zwischen Morgenkaffee und zweitem Frühstück bestimmt und für Heinrich zusätzlich jene Stunde, die sich dem Mittagsschlummer anschloß. Dann erschien auch Fritz von Bassewitz, ein Jahr älter als Heinrich, aus dem nahegelegenen Gutshaus. Der kam sehr gern, denn er mußte am Vormittag mit einem griesgrämigen Hauslehrer und ein paar Altersgefährten von umliegenden Gütern das Lateinische treiben, was ihm entsetzlich zuwider war. Auch Heinrich hatte an diesen Exerzitien eine Zeitlang teilgenommen, bis der Vater ihn gnädig davon suspendierte. Für seine neun Jahre war Heinrich ziemlich groß. Er, aber noch viel mehr seine Mutter, führten diesen Höhenwuchs und die kräftigen Schultern auf die Segnungen der Ziege Schneewittchen zurück, deren Milch ihm vom ersten Lebenstage an zur wichtigsten Nahrung gedient hatte, denn Mutter Johanne war ein schmales Persönchen und konnte den unglaublichen Appetit ihres Erstgeborenen nicht selbst stillen. So setzte man, mit großem Erfolg, auf Ziegenmilch, und Heinrich ließ bald von Schneewittchens täglicher Produktion nichts übrig. Irgendwelche Krankheiten, abgesehen von den unvermeidlichen Masern und dem üblichen Mumps, befielen ihn nicht, und selbst, wenn er im Spätherbst noch barfuß mit Krischan Boost zum See hinunter angeln ging, machte das gar nichts. Was die Ziege betraf, so besaß der Pastor unter seinen Büchern eines, das, wie der vossische Homer, auch aus Dr. Brückners Quelle stammte. Es hieß „Die Ziege als beste und wohlfeile Säugamme, empfohlen von einem erfahrenen Arzte". Es enthielt auch ein putziges Bild, das Heinrich stets mit Vergnügen betrachtet hatte, wenn man es ihm zeigte. Darauf war eine freundlich blickende Ziege, seinem Schneewittchen durchaus ähnlich, abgebildet und eine Magd, die ein Wickelkind am Euter der Ziege trinken ließ. Nun, ganz so weit kam es bei Seidels nicht, vor das Trinken war das Melken gesetzt, was Trine stets mit größten Geschick erledigte. Aber aufgekocht wurde die Milch nicht, das mochte Heinrich nicht. Am besten schmeckte es „warm". Inzwischen war Schneewittchen alt geworden und hatte geschlachtet werden müssen. Da war Heinrich sechs Jahre alt gewesen. Er hatte mannhaft die Tränen niedergekämpft und fortan Kuhmilch getrunken, die von Büdner Boost geholt wurde. Aber ein Erbstück war ihm doch von Schneewittchen geblieben, das war seine etwas auf Zuwachs gemachte ziegenlederne

Kniehose, die er täglich trug und nur am Sonntag auf ausdrück-lichen Befehl des Pastors gegen eine feine Samtbüx vertauschen mußte, mit der man auf keinen Baum klettern durfte.

So war Heinrichs Leben als Pastors Sohn im Dörfchen Perlin bei Wittenburg in Mecklenburg bisher eigentlich ganz zufrie-denstellend verlaufen. Der ständige Umgang mit Erwachsenen, die ihn ganz selbstverständlich wie einen vernünftigen Men-schen behandelten, hatten ihn etwas altklug gemacht. Unter seinen Geschwistern und auch bei Mutter Johanne galt er bereits als fast so gelehrt wie der Pastor. Auch die praktischen Dinge, die man als „Paster Heinerich" so zu tun hatte, sonntags die Glocke zum Gottesdienst zu läuten, dem Totengräber gelegent-lich etwas zur Hand gehen und „de Kuhl intobeiern", auch die Singnummern in der Kirche anzustecken, zu Weihnachten den Altar mit Tannenzweigen zu schmücken und die Krippe aufzu-bauen, dem Pastor mit allerhand Botengängen im Dorf Wege abzunehmen, auch die Gänsefedern einzusammeln und für Va-ters schwere Schreibhand passend zuzuschneiden – alle diese praktischen Dinge gingen ihm flott und flugs von der Hand. Als Vorsänger beim Gottesdienst und bei Beerdigungen war er unerreicht, auch das bei diesen Ereignissen noch übliche Vor-tragekreuz wußte er zu handhaben. Seine Freizeit war dennoch, bei all den ernsthaften Dingen, die zu tun waren, noch reichlich bemessen.

Eigentlich hatte Heinrich neben all den „Groten", die ihn umgaben und in Anspruch nahmen, nur zwei gleichaltrige Ge-fährten im Dorf. Das mochte Zufall sein; bei den jüngeren, mit denen man natürlich schon aus Gründen der Ehre nicht spielte, war die Population kopfreicher, und die älteren Jungen, die sich schon auf die Konfirmation vorbereiteten oder gar schon konfirmiert waren, gaben sich ihrerseits nicht mit den „Buttjern" aus Heinrichs Jahrgang ab. So blieben, wie gesagt, zwei.

Beide gehörten ganz und gar unterschiedlichen Gesellschaftsschichten an, und Heinrich stand zwischen beiden in der Mitte und hatte beide gleich gern, auch wenn es nie vorkam, daß sie zu dritt etwas unternahmen. Das wäre nicht gegangen. Fritz von Bassewitz, der Enkel des alten Grafen, der im Schloß – so nannte man das bescheidene Gutshaus am anderen Dorfende tatsächlich – erzogen wurde, während sein Vater aus nie besprochenen Gründen stets abwesend war, war ein intelligenter Knabe mit schönem, oval geschnittenem Gesicht, das von einer kühnen Hakennase geziert war. Seine Mama war bei seiner Geburt gestorben und lag in der kleinen Kapelle im hinteren Winkel des Friedhofs in einem steinernen Sarg. Manchmal, wenn in der Kapelle gelüftet wurde oder die bunten Butzengläser geputzt werden sollten, war Heinrich neugierig hineingegangen und hatte den steinernen Sarg der jungen Gräfin und die verwelkten Immortellenkränze, die auf seinem Deckel lagen, betrachtet. Fritz Bassewitz freute sich, wenn Heinrich mit irgendeinem Auftrag des Pastors ins Schloß oder in den Park kam. Dann brüteten sie über Fritzens Eiersammlung. Viele dieser kostbaren Eier hatte er von seinem Großvater geschenkt bekommen, auch der geheimnisvolle abwesende Vater brachte bei den seltenen Besuchen meist exotische Gelege für seinen Sohn mit.

Die heimischen Sammelobjekte, die Schnepfen-, Rebhuhn-, Teichrallen- und Bekassineneier indes beschaffte Heinrich mit Hilfe von Krischan Boost. Sie beachteten bei diesen Eierraubzügen wohl die strengen Ratschläge des gräflichen Försters Strack, der ihnen einmal beim Ausnehmen eines Milangeleges in einer zwanzig Meter hohen Kiefer mit fürchterlichem Zorn in die Quere gekommen war und sich auch nicht durch den Hinweis beruhigen ließ, daß das gestohlene Ei dem jungen Grafen geschenkt werden sollte. Fortan war ihnen die Kinderstube der Raubvögel strengstens untersagt, nur bei den Wasservögeln und all den Feldviechern von Lerche bis Birkhuhn durfte man plündern. Bei Singvögeln indes mußte man sich auf ein Ei beschränken, aber nur, wenn mindestens drei im Nest lagen. Natürlich hatte der Förster seinen Unmut über die Bubenstreiche nicht für sich behalten, und Vadding-Pastings donnernde Strafrede nebst Streichung des Pfingstschillings hatte großen pädagogischen Effekt gemacht. Krischan Boost indessen war mit seiner Abstrafung auch zufrieden, und der Effekt war sicher kein geringerer. Statt einer Strafpredigt benutzte Büdner Boost seine schaufelgroße Hand. Krischan Boost war das vollständige Gegenstück zu Fritz von Bassewitz, gewissermaßen antipodisch. Gemeinsamkeiten gab es eigentlich keine. Fritz war reich, Krischan war arm. Fritz lernte Latein, Krischan wußte gar nicht, was das ist. Fritz sammelte Eier, Krischan stahl sie. Fritz trug Schnürstiefel, Krischan ging barfuß. Fritz sprach Fiendütsch, Krischan sprach Platt. Und so fort. Krankheiten kannte auch Krischan nicht, es sei denn, er empfand seinen immerwährenden Freßtrieb als eine solche. Bis an sein Lebensende würde Heinrich sich erinnern, wie Krischan ihm eine Köstlichkeit kulinarischer Natur beschrieben hatte. „Denk di mal, Paster-Heinerich, ierst Brot, äwer nich tau dick, un denn fett Bodder up, un dor Speck up, un up den Speck Pannkoken, un denn werre Bodder un denn werre Speck und denn werre Pannkoken, un noch 'n poormal so – ik segg di, Paster-Heinerich, dat smeckt fein!"

Gemeinsam mit Krischan hatte Heinrich seinen allerersten Unterricht in dem kleinen Schulkaten hinter der Kirche genossen, bis Vater ihn selbst in die Mangel nahm. Der Schulkaten bestand aus zwei Räumen, der Schulstube und der Wohnstube des Kösters. Heinrich nannte diesen Köster in seinen Erinnerungen vierzig Jahre später „Sandberg". Aber er irrte sich in der Erinnerung an diese sonnenbeglänzten Tage in Perlin – der Köster hieß Bosselmann. Jedenfalls taucht Johann Bosselmann, Küster und Schullehrer" zwischen 1842 und 1852 mehrfach als Taufpate im Perliner Kirchenbuch auf. Sandberg folgte ihm nach. Wahrscheinlich hatte Mutter Johanne an dieser Verwechslung schuld, als sie später, über siebzig Jahre alt, ihrem Ältesten auf sein Befragen wieder von Perlin erzählte. Sie wußte über die Gegend und das Dorf eigentlich noch mehr zu berichten, als es der Vater gekonnt hätte, denn sie war im Nachbardorf Parum geboren und kannte zwischen den beiden weltfernen Nestern jeden Busch und jeden Baum. Wie dem auch sei – Köster Sandberg-Bosselmann regierte die dörfliche Rasselbande von Perlin, zu der auch noch die „Eingeschulten" aus den Vorwerken kamen, mit harter Hand. Immerhin hatte er 1849 fast hundert

Kinder zu unterrichten. Nur gut, daß die „Dümmerhüttschen"
auf der anderen Seite des Sees eine eigene Schule hatten, sonst
hätte es wohl des öfteren Mord und Totschlag gegeben, denn die
Dümmerhüttschen und die Perlinschen – das waren Erzfeinde
bis aufs Messer. Wenn der Dümmer See winters zugefroren war,
trug man auf dem Eis mehr oder weniger blutige Schlachten aus,
bei denen Krischan, wie er sich rühmte, mit seinem Peek-
schlitten „as Blüchert ünner de Franzosen" einhieb. Heinrich
nahm an solchen gefährlichen Unternehmungen natürlich nicht
teil. „Untersteh dich!" sprach Vadding-Pasting. Im Sommer
trennte der eine halbe Meile lange See in seinem malerischen
Rinnental die feindlichen Parteien. Zwar konnte man ihm mühelos überschwimmen, aber der Landgang am gegnerischen Ufer
wäre auf jeden Fall mit Hilfe von Hütehunden verhindert worden. Das betraf natürlich alles nur die Jugend, denn das jen-
seitige Seeufer mit Dümmerstück und Dümmerhof gehörte zu
Vaters Kirchspiel, und wenn er zu Amtshandlungen hinüber
mußte, nahm er den gräflichen Ruderkahn und ließ Heinrich an
die Riemen. Um nach Dümmerstück-Hof zu gelangen, wo der
Graf einen Verwalter zu sitzen hatte, mußte man am Ausfluß der
Sude aus dem See den Kahn an einem Waschbrückchen festma-
chen und dann, den kleinen Hang hinauf, eine Viertelstunde
durch einen ausgefahrenen Hohlweg mit alten Kopfweiden gehen. Meist waren an der Waschbank Mädchen beim Wäschespü-
len zugange. Die knicksten eifrig „Gu'n Morg'n, Herr Paster!"
Der nickte seinen Konfirmandinnen würdevoll zu und fragte
auch mal nach dem Befinden der Eltern oder der Alten. „Na,

24

Liesch Peters, is Größing noch wohlauf?" oder „Fieken Kloers, sag Vatern Bescheid, daß er mich besucht wegen der Kuhweide!" Auch auf der Dorfstraße wurde der Pastor gegrüßt und vertrauensvoll angesprochen.

Beim Rudern und Wandern, auch bei längeren Fahrten, die der Pastor mit dem kleinen Kutschwagen zu seinen Schäfchen im Kirchspiel unternahm, zu den „Perliner Bauern" oder den „Welziner Bauern" zum Beispiel, weilerartigen Ausbauten der Dörfer, zwischen denen sich das Sudenholz erstreckte, wurde Heinrich mitgenommen. Manchmal durfte er sogar kutschieren, was allerdings weder bei Lotte noch bei Liese, ihrer Nachfolgerin, und auch bei Peter, dem Litauerwallach, eine Kunst war. Die Pferde waren lammfromm und kannten alle Wege des Kirchspiels auswendig. Man brauchte eigentlich die Leine nur „för de Lüüd", wie Hinnerk Einbeen das nannte. Die Wege waren übrigens viel besser als die meisten anderen „Straßen" in Mecklenburg, und die großherzogliche Wegebesichtigungskommission, die jedes Jahr einmal mit der Amtskalesche aus Wittenburg die Wegenetze der Kirchspiele abfuhr, war immer heil wieder nach Hause gekommen. Das war nicht überall im Lande Mecklenburg selbstverständlich. So behauptete man steif und fest, die Kommission sei im Amte Lübz auf dem Wege nach Plau einmal für drei Tage verschollen gewesen, bis man sie bei gründlicherer Nachsuche in einem Wegloch bei Schlemmin aufgefunden habe, „völlig verklamt, Heinerich!" fügte Vadding-Pasting schmunzelnd hinzu. Bei solchen Fahrten über die Dörfer und in die einsamsten Ecken des Kirchspiels, durch die Tannenbüsche und Laubwälder, die moorigen Senken der Sude, die Lehmhügel nach Söhring zu oder über das kleine „Gebirge" bei Bergfeld war der Pastor meist gesprächig und erzählselig. Er setzte Heinrich die Familiengeschichte auseinander, die väterlicherseits gar bis nach Sachsenland hinunterreichte, und sah sich eines Tages mit Heinrichs Frage nach seinen sieben Vornamen konfrontiert. Na ja, daß einer drei Vornamen hatte, das war ganz in der Ordnung, aber gleich sieben! So viele hatte ja nicht einmal Fritz von Bassewitz, und selbst der Großherzog brachte es nur auf zwei. Sieben Vornamen! Heinrich Friedrich Wilhelm Karl Philipp Georg Eduard Seidel: „als wenn ein Güterzug durch eine ebene Wiesenlandschaft dampft", fand Heinrich später, als er wußte, wie es sich anhört, wenn ein Güterzug dies wirklich tut. Damals, als er mit Vadding-Pasting durch das Kirchspiel zockelte, war gerade, fernab von Perlin, die Eisenbahn von Berlin nach Hamburg fertiggeworden.

Sieben Vornamen! Nun gut: „Heinrich" brauchte weiter nicht erklärt zu werden, bei den Seidels hießen alle Erstgeborenen so, Vadding mit dem Zusatz „Alexander II.", und Großvater, den Heinrich nicht hatte kennenlernen können, war „Heinrich Alexander I.", Arzt in Goldberg, wo er in Vaters Geburtsjahr 1811 an Typhus gestorben war, in „Ausübung seines Dienstes", wie es hieß. Damals hatte der Typhus halb Goldberg leergeräumt. Die Franzosen hatten angeblich die Seuche herbeigeschleppt, und der Großvater hatte das Schicksal seiner Patienten geteilt. Im gleichen Jahr war auch der Urgroßvater, Pastor in Parchim, gestorben. Das war der, der aus Dresden gekommen war und

Heinrich Gotthelf geheißen hatte. Ob auch dessen Vater, Heinrichs Urgroßvater also, den Namen Heinrich getragen hatte, wußte Vadding-Pasting nicht. So war Heinrich immerhin „Heinrich IV.", an welche Auszählung der Pastor schon wieder allerlei Geschichten anhängen konnte, so die von König Heinrich IV., der nach Canossa hatte gehen müssen, die von dem Hugenottenkönig Heinrich IV. und der schrecklichen Bartholomäusnacht und schließlich noch die von dem englischen König Heinrich Nummer vier, der Richard II. abgemurkst und deshalb von Shakespeare bedichtet worden war. „Schlimme Sachen!" fügte der Pastor hinzu, und das Wort „abgemurkst" hatte er natürlich auch nicht gebraucht, das stammte aus dem Wortschatz von Krischan Boost, paßte aber ganz gut, wie Heinrich fand.

Nun ging man zu „Friedrich" über. Friederiche gab es ja nun wirklich die Menge sondergleichen, von Barbarossa bis zum Alten Fritzen, und auch die Großherzöge hießen allesamt so, und als Heinrich zu Welt kam, hatte gerade Paul Friedrich, der beliebteste unter ihnen, sich beim Feuerlöschen den Tod geholt. Gründe genug für den zweiten Vornamen. Hauptgrund und naheliegender allerdings war die Patenschaft des Patronatsherren von Perlin, des Grafen Friedrich von Bassewitz, der seinem Patenkind neben seinem Vornamen auch einen silbernen Patenbecher verehrt hatte, den Mutter Johanne im Glasschapp der guten Stube, auf einem Häkeldeckchen stehend, aufbewahrte.

Mit „Wilhelm", dem dritten Vornamen, war es ähnlich einfach. Wilhelm Romer, Gutspachter zu Pogreß, trat als Heinrichs Großvater zugleich auch das Patenamt an und schenkte einen

„Tauftaler", eine goldene Blüchermünze von 1813, die in ein Samttüchlein gewickelt war und im gräflichen Taufbecher verwahrt wurde.

Was „Karl", den vierten Waggon des Güterzuges, betraf, so geriet Vadding-Pasting in Schwierigkeiten: Er wußte es partout nicht, wo Karl herkam. Weder in seiner noch in Johannes Familie war ein Karl vorgekommen. Karl der Große war dem Pastor doch wohl ein bißchen zu groß. Vielleicht Karl Hohn sen., sein Studiengefährte? Oder Karl Martell, der Germanenhammer? Vater schüttelte den Kopf: Er konnte sich nicht besinnen. „Such dir einen aus, Heinrich!" sagte er, und Heinrich entschied sich für Carolus Magnus.

Name Nummer fünf, Philipp, machte wiederum keine Schwierigkeiten; da war Vadding-Pasting in seinem Element, denn er stimmte sofort mit volltönender und vom Kutschbock weit über die Heuwiesen von Söhring schallender Stimme ein Lied an, das er besonders liebte und das er bei Heinrichs Taufe zu singen angeordnet hatte. „Wie schön leucht' uns der Morgenstern / in Gnad' und Wahrheit von dem Herrn ..." sang er und dirigierte die unsichtbare Gemeinde mit dem Peitschenstiel. Die Leute vom Gutsgesinde, die in der Junisonne das Heu wendeten, stellten die Harken ab, drückten die Hand ins Kreuz und nickten sich zu: Ja, uns' Pasting, de kann sing'n! Was Pasting da sang, war ein Kirchenlied des weiland Hamburger Hauptpastors Philipp Nicolai und stand im Gesangbuch, zweieinhalb Jahrhunderte nach seiner Entstehung immer noch frisch und gut zu singen wie auch das zweite Lieblingslied von Pastor Seidel, das gleichfalls aus Philipp Nicolais Feder stammte und das er nun stante pede folgen ließ, von Heinrichs heller Kinderstimme begleitet:

> Wachet auf! ruft uns die Stimme
> des Wächters sehr hoch von der Zinne,
> wach auf, du Stadt Jerusalem!

So fuhren sie singend dahin, alle drei Strophen bis zu „Halleluja für und für", und der Pastor wollte seinem Sohn noch mehr von Nicolai erzählen und daß er ein Krippenspiel über die Lieder gedichtet habe, eigentlich nicht so ein richtiges Krippenspiel, aber doch so ähnlich, weiß du, Heinerich, aber der, ungeduldig und an Vadding-Pasting eigener lyrischer Produktion nicht sonderlich interessiert, steuerte den sechsten Namen an: „Und Georg?"

Auch einfach zu erklären; Georg war Vaddings Onkel und Patenonkel, Georg Seidel, Bruder von Heinrich Alexander I., seines Vaters Bruder also, noch in Dresden geboren 1776, der in Lich an der Wetter in Hessen als Kammerherr gelebt hatte und sich nach seines, Vaddings, Vaters Tod um die Kinder gekümmert und später das Pastorstudium für seinen Neffen- und Patensohn bezahlt habe. Dem habe er Dank abstatten wollen, und so trage nun Heinrich den Namen des braven Großonkels und Kammerherrn.

Blieb schließlich Eduard, und das war auch wieder leicht, denn natürlich hatte auch Johanne noch einen Wunsch frei, und sie als treue Verehrerin des Dichters Eduard Mörike war eben

für Eduard, denn vielleicht würde ja auch Klein Heinerich mal
ein Dichter werden, wer weiß, und dann vielleicht wäre es doch
so wie in Mörikes schönem Gedicht, du kennst es doch, Heinerich, das die Mutter so liebt:

> Im Nebel ruhet noch die Welt,
> noch träumen Wald und Wiesen,
> Bald siehst du, wenn der Schleier fällt,
> den blauen Himmel unverstellt,
> herbstkräftig die gedämpfte Welt
> in warmen Golde fließen.

Ja, es wurde Herbst, die Gärten der Bauern und Büdner trugen
schwere Frucht. Der alte Grafensteiner hinter dem Pfarrhaus
von Perlin, den Hinnerk Einbeen schon seit Jahr und Tag hatte
abhacken wollen, weil: „He döcht nicks miehr!", bog seine
ohnehin krummen Äste unter der Last einer schier ungeheuerlichen Ernte. Die Pflaumenbäume waren derart voll, daß das
Gras unter ihnen mit Früchten übersät war. „Soväl Plummenmus
– wecker sall dat all eten!" schimpfte Trine und kratzte sich die
breitgetretenen Pflaumen von den Höltentüffeln, wenn sie vom
Wäscheaufhängen aus dem Hintergarten kam und „mang de
Plummen" mußte, um zum Haus zurückzugelangen. Ach, und
der Nußbaum saß übervoll mit den dicken grünen Kugeln, und
die wohl ein Jahrhundert alte Haselhecke, die den Pfarrgarten
gegen den Schloßpark abgrenzte, wurde schon fleißig von den
Katteikern besucht, die ihre Winterkammern vorsorglich füll-

ten. Ja, es war Herbst geworden, die „gedämpfte Welt" floß in „warmem Golde", aber Heinrich war gar nicht so goldig zumute, denn der Pastor hatte einen Brief empfangen und dessen schwerwiegenden Inhalt am 17. Sonntag nach Trinitatis, mittags zwischen Gottesdienst und Tisch, der Familie zur Kenntnis gegeben. Nun, er selbst wußte natürlich schon seit längerer Zeit, daß dieser Brief im Herbst kommen würde, und er kannte schon seinen Inhalt, ehe er das schwarze Siegel des Oberkirchenrats gebrochen hatte. Dieser Brief war ja nur noch eine Formsache, gewissermaßen. Schon im vorigen Frühjahr hatte man ihn nach Schwerin beordert, und der Pastor war abends in teils gehobener, teils bedrückter Stimmung heimgekehrt. Johanne hatte ihn fragend angesehen, und Vadding-Pasting hatte nur genickt, mehrmals, und leise „Aber erst zu Ostern übers Jahr!" gesagt. Nun aber war es amtlich.

Wie jeden Sonntag nach dem Gottesdienst versammelten sich Johanne und die beiden Jungen mit dem Pastor in seiner Studierstube. Dieses Mal sollten auch die beiden kleinen Mädchen dabeisein. Sonst hatte man die Predigt noch einmal besprochen, und Johanne hatte Gelegenheit, ihre kritischen Bemerkungen zu machen, die Stelle mit der Barmherzigkeit zum Beispiel hätte er vielleicht etwas kürzer halten sollen, und mit dem Büdner Behm nicht so strenge ins Gericht gehen vor der ganzen Gemeinde wegen der Trinkerei, die beim Erntedankfest stattgefunden habe, und ob er es wohl schicklich fände, daß die Erbpächterin Strothmann neuerdings immer mit diesen fürchterlichen Hüten in die Kirche käme. Und bei den Singekindern müsse er dem

Küster sagen, daß nun endlich der Willi Bank durch einen kleineren ausgewechselt werden müsse, er sei im Stimmbruch und brumme. Und so fort. Vadding-Pasting ließ sich diese kleinen Kritiken seiner Frau gern gefallen und hielt sich meist an ihre Ratschläge. Heute aber sagte Frau Johanne nichts; sie wußte schon, was kommen würde.

Der Pastor zog den Brief mit dem schwarzen Siegel aus dem Ärmelaufschlag seines Sonntagsrocks, faltete ihn auseinander, strich ihn auf dem Schreibpult mit der flachen Hand glatt und las, ohne weitere Erklärungen vorauszuschicken, vor, was da stand.

„Dem Pastor Seidel in Perlin. Serenissimus haben, auf Antragen des Oberkirchenrats, dem Vortrage des Herrn Superintendenten Kliefoth zustimmend, den Pastor Seidel zu Ostern 1852 in das Amt des Pastor Primarius an der Kirche Sankt Nikolai, vulgo die Schelfkirche genannt, zu Schwerin berufen, und hat er dieses Amt ad interim schon vom Neujahrstage an auszufüllen."

Die Kleinen begriffen natürlich nicht gleich, was da vorgelesen worden war, und Werner zupfte an Heinrichs Rock und flüsterte: „Nach Schwerin, Heinerich?" Heinrich schluckte und schaute den Vater an und machte Augen, als wollte er sagen: „Muß das sein? Weg aus Perlin?"

Weg aus Perlin. War das auszudenken? Und während Johanne das Kleinvolk aus der Stube kehrte und sich der Küche zuwandte, legte Vadding Pasting seinem Ältesten die Hand auf die Schulter. „Ja, mein Heinrich. Nach Schwerin. Ihr bleibt noch bis Ostern hier, dann wird umgezogen. Und du, mein Sohn, mußt dich fürs Gymnasium vorbereiten. Na, man hat vorgesorgt!"

Und so erfuhr Heinrich, welches Schicksal ihm für die letzten Monate in Perlin und fürderhin in der großen Residenz bereitet war für die nächsten Jahre. Das Wort GYMNASIUM fiel wie ein dicker großer Stein in seine Seele, und er begriff, daß die Kindheit zu Ende ging.

Schon am ersten Oktobertag kam der Seminarist Jennerjan ins Haus. Er bezog eine leerstehende Kammer unter dem Dach und packte seine Siebensachen aus. Dabei durfte Heinrich zusehen und machte eine Entdeckung, die ihm sein ganzes Leben lang nicht aus der Erinnerung schwinden würde. Als der Koffer schon leer zu sein schien, holte er noch „einen länglichen, in Papier gewickelten Gegenstand hervor, wickelte ihn aus, und siehe da, es war ein Ende spanischen Rohrs" – au weia, dachte Heinrich.

Der Seminarist Jennerjan würde erst zu Ostern nächsten Jahres seine erste Stelle in Kladrum antreten können, und so hatte er freudig zugegriffen, als er hörte, der Pastor Seidel in Perlin suche einen Hauslehrer, um seinen Sohn für das Gymnasium vorzubereiten. Das Seminar in Ludwigslust war eine verteufelt strenge Anstalt; die Seminaristen durften während ihrer Ausbildung keine Uhren und keine Manschetten tragen und keine Verlöbnisse eingehen. Nun, Aussicht auf ein Verlöbnis hatte der etwas spacke junge Mann mit seinem dünnen Hals und seinen Vogelaugen wohl auch kaum gehabt, aber seit er dem Uhrenverdikt entronnen war, benahm er sich im Hinblick auf seine silberne Zwiebel wie ein Konfirmand: Immerfort spielte er mit seiner Uhrkette und klappte den „Repiter" auf und zu. Hinnerk Einbeen spöttelte: „Isses schon wieder später, Herr Lehrer?"

Justus Gottlieb Jennerjans Vater war Kaufmann in Sternberg. Er betrieb dort einen Woll- und Produktenhandel und war stolz wie ein Pfau, daß sein Sohn die Stelle auf dem „Seminaribum" bekommen hatte. Er ahnte nicht, daß auf seinen schmalschultrigen Sohn das Elend eines mecklenburgischen Landlehrerlebens wartete, und auch der Sohnemann ahnte das nicht, als er sein Interimsjahr bei Pastor Seidel und am wohlbestückten Mittagstisch der Frau Pastorin ableisten durfte. Er war etwas eingebildet, und erhielt deshalb gelegentlich einen Rüffel von seinem Chef, der ja nun nur noch gelegentlich unter der Woche aus Schwerin kam, um nach dem Rechten zu sehen und dabei Frau Johanne über die Erfolge und Mißerfolge des jungen Herrn Jennerjan unterrichtet wurde. So war Jennerjan eines Tages in Bosselmanns Dorfschule aufgetaucht und hatte kopfschüttelnd mitangesehen, wie der Küster der mehr oder weniger begeisterten Dorfjugend mit Hilfe von Kastanien das Rechnen beibrachte. „Hier geht's ja zu wie in der Patinenschule!" mokierte er sich und spielte mit seinem silbernen „Repiter". „Isses ja auch!" antwortete Bosselmann.

Ansonsten hatte er mit Heinrich stramm zu tun. Jeden Vormittag von neun bis zwölf und jeden Nachmittag von drei bis fünf wurde gebüffelt. Manches war ganz interessant, und in der Naturkunde war Heinrich seinem Lehrer sowieso überlegen. Der wunderte sich, wie man nicht nur einen Schmetterling von einer Motte unterscheiden, sondern auch, was die Schmetterlinge anging, ihrer zwei Dutzend mühelos zu benennen in der Lage sein konnte. Heinrich wollte sich ausschütten vor Lachen, als

Jennerjan vor einer Libelle in Deckung ging. „Die stechen doch nicht, Herr Lehrer!" Dann war er froh, daß das spanische Rohr in Jennerjans Kammer lag, denn, nach seinem Gesichtsausdruck zu urteilen, hätte der es jetzt wohl tatsächlich angewandt.

So kam denn Ostern heran, und es mußte umgezogen sein. Zwei große Packwagen mit schweren Kaltblütern kamen aus der Residenz, und Heinrich saß oben auf dem zweiten Wagen zwischen Kisten und Kasten und Bettsäcken und sah zu, wie das turmlose Kirchlein von Perlin hinter den saatgrünen Hügeln versank. Das letzte, was er hörte, waren die elf klirrenden Schläge der Betglocke.

∗

Vaters neue Kirche war wirklich ein schöner Bau. Hier waren die Zahnräder der Kirchenuhr nicht ausgebrochen. Kupfergrün hob sich der zierliche Turm der Schelfkirche Sankt Nikolai über das Quartier der „Neustadt". So hieß das Viertel offiziell; jedermann aber sagte natürlich Schelfstadt, und keiner oder doch die allerwenigsten, die den vertrauten Namen benutzten, wären imstande gewesen, ihn auch zu erklären.

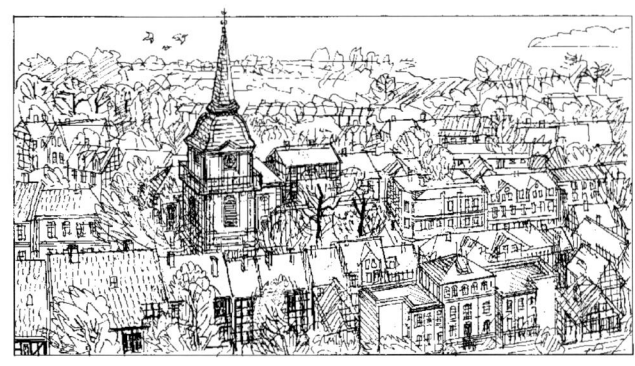

Die Schelfstadt war dem eigentlichen, alten Stadtkern Schwerins im Norden angefügt, und die Kirche, die auf einem vierekkigen, lindenbestandenen Platz frei aufwuchs, war aus roten Backsteinen gemacht und an den Kanten und Gesimsen mit Hausteinen aus sächsischem Fels geschmückt. Der Herzog, der sie hatte bauen lassen, hatte seinen Werkmeister, einen „Ingenieurcapitain" namens Reutz, extra nach Holland geschickt. Dort hatte er sich die Amsterdamer Zuijderkerk als Vorbild ausgeguckt und, ein bißchen kleiner zwar, aber nicht weniger schön, ja, vielleicht noch eine Spur eleganter das Schweriner Kirchlein danach gemodelt. „Ja, allabonnör!" sagte der Küster Griewank, wenn er mit der Leiter jeden Sonnabend einmal außen herum ging und mit dem langen Besen die Sohlbänke der Fenster abfegte, dabei lauthals auf die gottlosen Tauben schimpfend. „Allabonnör, min Jung! Da is kein Fehl und Tadel an, das is alles wie ausgezählt!"

36

Ja, das fand Heinrich auch. Alles war am rechten Platz, die Kirche war von vollkommener Symmetrie. Und sie war so ganz und gar anders als die Dorfkirche in Perlin mit ihren dicken plumpen Mauern aus Feldsteinen und dem quietschenden Glokkenstuhl und der unrechten Uhr. Trotzdem ließ Heinrich nichts auf sie kommen. Jeder Ort braucht eben seine eigene Kirche, sagte Vadding-Pasting und verbat sich übrigens, bald nach dem Beginn des Schweriner Lebens, diese vertrauliche Anrede. Nun gut, „Herr Vater" und „Sie" sollten die Kinder nicht sagen, auch wenn das durchaus üblich war bei den biederen Bewohnern des Schelfviertels, aber man hatte nun kurz und klipp und klar „Vater" zu sagen, insbesondere bei Anwesenheit von Personen, die nicht zur Familie gehörten. Nur in der Schummerstunde, wenn Vater erzählte oder, die Blätter dicht an die Lampe haltend, vorlas, konnte ein „Vadding-Pasting" noch einmal durchgehen.

Heinrich erkundete das Viertel schnell und gründlich. Vater breitete mit wichtiger Miene eine fein gezeichnete Landkarte der Residenzstadt auf dem Tisch aus. Genau an der südlichen Turmecke, so erklärte er, hätte der Baurat Demmler mit dem Quadranten die Koordinaten genommen: Seine, Vaters, Kirche stünde haargenau auf dem Schnittpunkt von 53°38'1" nördlicher Breite und 11°29'4" östlicher Länge. Vater teilte diese Messung des Baurats Demmler mit respektvoller Anerkennung mit, wenn er auch sonst von dem Baurat nicht viel hielt. Der beschäftigte sich mit Politik und galt als Demokrat, was so etwas ähnliches sei wie Demagoge. Außerdem sei er auch noch Freimaurer, ts, ts, ts.

Heinrich konnte mit diesen Andeutungen nicht viel anfangen, jedenfalls vorerst nicht. Er beugte sich über die Karte, sah das Gitternetz der neuen Heimat verwirrend und verlockend auf dem festen Papier verzeichnet, empfand es als eine Art von Labyrinth und beschloß, sobald als möglich Ausgang und Eingang dieses Irrgartens „Schwerin" zu entdecken. Besonders lockte ihn die blau geränderte Fläche östlich der Stadt, in die mit schräg liegenden Lettern „DER SCHWERINSCHE SEE" eingeschrieben war.

Zentrum des neuen Lebens war das Pfarrhaus, das dem Turmeingang der Kirche genau gegenüberlag. Seidels hatten zwar nicht gleich einziehen können, denn die Witwe des Vorgängers hatte noch das Gnadenjahr gut und lebte in den oberen Stuben über dem Amtszimmer und der großen Küche, deren Fenster nach hinten in den Garten schauten. Nur Amtszimmer und Dachstuben wurden sogleich benutzt, und Heinrich sollte mit Werner eine der gleichfalls nach hinten liegenden Dachstuben teilen. Vater aber hatte dann ein Einsehen und versüßte seinem Ältesten den Umzug durch Zuteilung einer eigenen Kammer im Obergeschoß, gleichfalls mit Gartenblick, ziemlich klein und schmal zwar, aber doch voller Abendsonne. Sobald die Vorgängerwitwe auszöge, und das sollte noch vor Weihnachten geschehen, würde die ganze Familie Seidel von dem geräumigen Pfarrhaus und seinem großen Garten Besitz ergreifen.

Freilich, gegen den in Perlin war der Garten eigentlich gar nichts. Dort war der Blumen- in den Gemüse-, dieser in den Apfelgarten und der schließlich in die offene Wiesenlandschaft übergegangen, Zäune gab es nicht, höchstens Hecken und, gegen den Gutspark, die ungeheuerliche und zugleich undurchdringliche Brombeerhecke. Hier begrenzten Gebäude den Garten und den Blick: das Pfarrhaus, über dessen First hinweg der Kirchturm hinuntersah in den Garten, nach Osten zu, rechts eine Kemlade, ein lang und schmal ans Nachbarhaus gesetztes Schuppen- und Stallgebäude, in dem Vaters neues Dienstpferd wohnte, Hans genannt, ein abgelaufener Klepper, der immer noch ausreichend schien, des Pastors kleinen Wagen zu ziehen auf den kurzen Wegen hier in der Stadt, links die Rückwand der Kemlade des südlichen Nachbarn, zu Seidels Hof hin mit Efeu bewachsen bis an die Kante des Dachs, und nach Westen zu war der Garten durch einen hohen Lattenzaun begrenzt, an dem Feuerbohnen und Wicken ihre Kletterkünste zeigten. Hinter dem Zaun lag der Garten der Witwe Düsel in der Apothekerstraße. Diese wiederum war mit der Königstraße durch eine der Wasserstraßen verbunden, die vom Hügel der Schelfstadt herab zum Pfaffenteich abfielen, die Apothekerstraße kreuzend. Vier Häuser weiter in Richtung „Stadt", wie die eigentliche Altstadt um den Dom herum genannt wurde, stand ein altes, geheimnisvoll verwittertes Adelspalais, „Brandensteinsches Haus" genannt, durch dessen meist verschlossenes Tor seltene Wagen rollten.

Eigentlich war hier überhaupt alles wunderlich und sonderbar, fand Heinrich. Er freundete sich schnell mit den Kindern an, die draußen an Vaters neuer Kirche den Rasen abtobten, allerlei seltsame Spiele spielten, die er von Perlin her nicht kannte, und in der Regel einen mörderischen Lärm vollführten, bei dem der Pastor in seinem Dienstzimmer nicht arbeiten konnte. Der schickte dann Küster Griewank donnern, aber das Görenvolk stob johlend in die Nischen zwischen den Stützpfeilern der Kirche und freute sich diebisch, wenn der Küster sie dort mit dem Strauchbesen vertrieb. So zog Pastor Seidel bald resignierend ins kleine Gartenhäuschen hinter dem Haus um, wenn er seine Predigt memorieren wollte.

Heinrich genoß sofort Respekt. Er war gewandt und schnell bei diesen Lauf- und Ball- und Fangespielen, die hier im Schwange waren, begriff „Clodibo" und „Kuhlsääg" fix und entthronte schon nach drei Wochen den Murmelkönig des Viertels. Er sonnte sich jedoch nicht lange in diesem Ruhm, sondern schenkte ihm seinen strotzenden, mit Murmeln und Knöpfen prall gefüllten Beutel und gab ihm damit seine Würde zurück. Dieser Murmelkönig war eines der zweiundzwanzig Kinder des Forstrevisors Mahnke und trug den Vornamen Adalbert, den man natürlich am Kirchenplatz unsäglich komisch fand. So wurde aus Adalbert Adolf, das ging an. Adolf Mahnke war besonders im Geldfinden geübt (Heinrich behauptete später, er sei immer mit gesenktem Kopf durch die Straßen gelaufen) und hatte ein fabelhaftes Talent zum Kommandieren. Es auszubilden und zu üben gab ihm der heimische Kinderschlafsaal Gelegenheit, den der Forstrevisor in seinem Hause eingerichtet hatte und worin Adalbert-Adolf der Oberkommandierende war. Von den zweiundzwanzig Kindern waren noch vierzehn im Hause, und Adolf war der Älteste. Mit seinen vierzehn Jahren überragte

er seine Zwillingsschwester Adelheid um Haupteslänge. Für
gewöhnlich pflegte er sie herzlich zu verachten und sprach,
wenn sie sich schüchtern näherte, die gebieterischen Worte:
„Du, gah hen, help Mudder putzen!" Einmal aber, als ein
Gymnasiast aus der Kirchenstraße sich an den langen Zöpfen
der Adelheid Mahnke versündigte, warf sich Zwilling Adalbert
wie ein junger Löwe auf den Wüstling, verprügelte ihn mörde-
risch und drohte ihm weitere Abstrafungen dieser Art an, falls er
seinen Heimweg vom Gymnasium noch einmal über den Kirchenplatz nehmen würde. Brav trabte der Gedemütigte fürderhin durch die Münzstraße seinem Elternhaus zu.

Das Gymnasium … Es drohte unter den Dächern des Dom-
kreuzganges finster und verwunschen mit seinen Butzenfen-
stern. Noch ein halbes Jahr war Galgenfrist gegeben. Bis dahin,
also bis Ostern 1854, besuchte Heinrich eine Vorbereitungsschule in der nahen Landreiterstraße. Morgens, Schlag acht,
verließ Heinrich das Pfarrhaus. Er überquerte den Schelfmarkt
und grüßte den Ratsdiener, der die Treppe vor dem Neustäd-
tischen Rathaus kehrte. Das Rathaus sah sonst meist friedlich
und nahezu unbenutzt aus, und die gestutzten Linden links und
rechts der Treppe rahmten den braven Ratsdiener mit seinem
Besen freundlich ein. Oben auf dem Sims unter der Traufe und
auch auf der Dachkante und den ovalen Gauben saßen Ringel-
tauben in der Frühsonne. Heinrich hätte jetzt den Weg zur
Schule durch die III. Wasserstraße abkürzen können, er zog es
aber vor, an der Justizkanzlei vorbeizugehen, einem ausladen-
den, langweilig wirkenden Gebäude, das mit seinem stumpfen

Amtsgesicht nicht so recht zwischen die behäbigen bunten Fachwerkhäuser des Viertels passen wollte. Hier stand das Hoftor schon weit offen, und manchmal wartete eine geschlossene Kalesche, von einem berittenen Gendarmen bewacht, in der Auffahrt. Dann hatte man einen arretierten Verbrecher zum Verhör gebracht. An Verhandlungstagen war besonders viel Betrieb vor der Kanzlei. Wenn Heinrich Glück hatte, kletterte gerade der Kanzleidirektor von Bülow aus seinem Wagen, und der Gerichtsdiener Hersen hielt ihm den Schlag. „Gerichtsdiener" allerdings durfte man zu Hersen nicht sagen. Er war mit „Herr Kanzleipedell" anzureden und trat vornehmer und steifer auf als sein oberster Dienstherr, der als sehr freundlich und milde galt. Er erkannte Heinrich und rief ihm über die Schulter einen Gruß zu. „Na, Pastors Filius? Brav zur Schule? Empfehlung an den Papa!" „Danke, Herr Justizrat!" hatte Heinrich zu antworten. Er mochte den Herrn eigentlich leiden, der da so gemütlich und schwerfällig aus seiner Kutsche kletterte. Ob die bösen Missetäter, über die Herr von Bülow zu richten hatte, Gleiches empfanden?

Heinrich überquerte noch die Einmündung zur Mühlenstraße und bog dann, am unbebauten Nebengrundstück vorbei, in die Landreiterstraße ein. Dieses Eckgrundstück hatte sich Mutter Johanne als Pachtgarten ausgeguckt. Es lag, von ein paar alten Apfelbäumen bestanden und einer Sträucherhecke eingefaßt, so einladend und freundlich da, und man wunderte sich, warum es nicht bebaut war und stattdessen in nutzloser Brache stand. Als Mutter Erkundigungen einzog, kam es denn auch heraus: Es spukte dort an der Ecke zur Landreiterstraße. Ein Krug sollte einmal vor langer Zeit dort gestanden haben, ein übel beleumdetes Wirtshaus, von dem die Rede ging, der Wirt habe seine schlafenden Herbergsgäste nächtens ermordet und beraubt und ihre Leichen in den nahen Ziegelsee geworfen. Dann sei eines Tages ein Feuer ausgebrochen und trotz aller Bemühungen nicht zu löschen gewesen. So brannte der Gasthof ab bis auf die Grundmauern. Nur die unschuldigen Apfelbäume blieben verschont und beschatteten nun das seither unbebaut gebliebene Erdenfleckchen, auf dem kein Kind zu spielen, kein Mädchen seine Wäsche zu bleichen und kein Bürgerlein seine Ziege anzupflocken wagte. Mutter Johanne nahm natürlich sofort Abstand von ihrem Plan, als sie von der Verrufenheit des Ortes hörte und pachtete statt dessen einen Garten hinter dem Güstrower Tor.

Die Vorbereitungsschule in der Landreiterstraße befand sich in einem etwas altersschwachen Gebäude, das so aussah, als würde der alles überwuchernde wilde Wein seine einzige und letzte Stütze sein. Jetzt im Herbst färbten sich die großen Blätter des Rankelwerks in nahezu abenteuerlichen Farben, unter denen ein grelles Gold und ein blank prangendes Purpur sich hervortaten. Im Hause befanden sich drei kleine Schulstuben, ein „Saal" genannter dreifenstriger Raum im Obergeschoß, der auf den „Mördergarten" hinausging und vor dem mittleren Fenster einen kleinen Balkon hatte, den man jedoch nicht betreten durfte. Fräulein von Wickede, die Patronin der Privatschule, hauste in winzigen Kämmerchen unter dem Dach; ein uraltes Dienstmädchen versah die notwendigen Handreichungen. Unterricht erteilten zwei junge Lehrer des Gymnasiums an zwei Vormittagen, an denen sie von ihrem Direktor Dr. Wex dafür freigestellt waren, und zwei pensionierte Gymnasialprofessoren. Heinrich bekam es mit den jungen zu tun: dem trockenen, strengen Dr. Volz im Lateinischen und dem jungen gütigen Collaborator Dr. Latendorf in Geschichte und Mythologie. Wenn er zu Ostern in die Quinta aufgenommen werden sollte, waren dies die nachzuholenden Fächer. Im Deutschen, im Rechnen, in der Naturkunde hatte Heinrich keine Probleme, und die Religion hatte er gewissermaßen mit Vaters Pfeifenrauch eingesogen. Die Vorbereitungsklassen umfaßten jeweils höchstens vier Schüler. Nachmittags gab es noch einen Schönschreibkurs, den Fräulein von Wickede selbst abhielt. Diese Stunden fand Heinrich „zum Schießen", wie er seinem Vater, förmlich wiehernd, berichtete. Die alte Dame redete die unbotmäßigen, vor allem aber eselsdummen Gutsherrensöhne, die hier für das Gymnasium gebimst wurden, mit ihren Titeln an. Guido von Rodde, ein wirklicher Flegel ersten Ranges, dessen Vater des Gut Zibühl im Amt Crivitz besaß und der schon zweimal durch die strenge Aufnahmeprüfung des Direktors Dr. Wex gerasselt war, wurde immer „Herr Baron" genannt. „Herr Baron gestatten!" schrie die aufgebrachte alte Schachtel, als Rodde zum hundertsten Male das Schönschreibheft verkleckst hatte, und hieb ihm ihr Fischbeinlineal auf die dicken Finger. „Mehr Respekt, Heinrich!" mahnte der Pastor und verkniff sich das Feixen, wenn sein Sohn die Szene nachspielte.

Mit Geschichte und Mythologie beim Collaborator Latendorf, der ein unglaubliches Wissen und ein nahezu phantastisches Gedächtnis hatte, ging es bestens. Latendorfs Leidenschaft war das Sprichwort im Deutschen. Er sammelte alles, was darauf Bezug nahm, und stellte auch Heinrich, den er bald als gelehrigen Schüler erkannte, für seine Forschungen an. So hatte Heinrich nun stets das Notizbüchlein und die Bleifeder in der Tasche und notierte alles an vorkommender Rede im Hause Seidel und drumherum, was nach Sprichwort roch. Das meiste kannte Latendorf freilich, manches verwarf er auch und stellte es zu den Redewendungen, aber dennoch kam es vor, daß er lobte: „Heinrich, das ist gut!" Und Heinrich erfuhr Belehrung über Herkunft und Wanderung der Sprichwörter durch Völker, Zeiten und Sprachen, und stolz, im Geiste schon ganz der gemachte deutsche Philologe, schritt er heimwärts, als Latendorf seine von Krischan Boost in Perlin gelernte Weisheit „Beter 'ne Lus in'n Kohl as gor keen Fleesch" auf eine Karteikarte notierte und unter „L – Laus; Läuse" in seine Sammlung aufnahm. So kam es, daß Heinrich Seidel schon mit elf Jahren Volkes Rede als Schatz begriff.

Im Lateinischen, beim drögen Dr. Volz, war er weniger erfolgreich, und Volz und er sollten sich auch später noch, als Heinrich das Gymnasium mehr oder weniger glücklich, aber doch besuchen durfte oder mußte, weidlich aneinander abärgern. Da aber schon war Heinrich nicht mehr Heinrich. Der Ärger mit dem Gymnasium warf seine Schatten voraus. Heinrich hatte gerade begonnen, seine Erkundungen auf die Seeufer auszudehnen, und dabei den Schelfwerder für sich entdeckt, als die Einladung des Direktors Dr. Wex im Pfarrhaus der Schelfgemeinde eintraf. Dies geschah ohne alle Form, indem der Schulpedell Kortüm das Dienstzimmer des Pastors betrat, eine Art von Verbeugung andeutete und mitteilte, daß der Herr Direktor den Herrn Sohn des Herrn Pastors morgen Schlag fünf zu einer kleinen Unterhaltung erwarte, pünktlichst, bittesehr, und Herr Pastor solle sich nicht bemühen.

Mutter Johanne nahm die Vorladung als hinreichenden Grund für eine außerplanmäßige Säuberungsaktion, schnippelte noch an seinen Haaren herum, daß sie nicht etwa den Kragen überstünden, bohrte in seinen Ohren nach und fand auch die Fingernägel verbesserungswürdig. Heinrich hatte bis zum Tage der Vorladung gehofft, der Vater würde ihn bei diesem schweren Gang begleiten, aber Direktor und Pastor hatten längst alle Absprachen getroffen, und nun wollte sich der ranghöchste Pädagoge der Residenz ein ganz eigenes, von elterlicher Anwesenheit ungestörtes Bild seines künftigen Schülers machen.

So ging Heinrich mit klopfendem Herzen eine halbe Stunde vor der gesetzten Zeit aus dem Haus. „Mach mir keine Schande, Heinrich!" sagte der Pastor, und Mutter Johanne nickte aufmunternd. Bruder Werner indessen feixte ihm nach; er, Werner, würde überhaupt niemals ein solches „Gymnasibum" betreten, denn er hatte beschlossen, bei erster sich bietender Gelegenheit auszubüxen und mit einem Schiff nach Amerika zu fahren, als blinder Passagier, nach geschehener Ankunft sofort reich zu werden und als Kapitän zurückzukehren, „Gymnasibum macht dumm und krumm", so zitierte er die Gassenjungen aus der Kirchenstraße, die seinen von Vater und Mutter argwöhnisch beäugten Umgang bildeten. Daß Werner, in gewisser Weise jedenfalls, diese mannhaften Taten realisieren würde, das glaubte indes außer ihm niemand.

„Feix du nur!" dachte Heinrich. Er trat aus der Haustür und wandte sich nach rechts, der „Stadt" zu; drüben auf dem Platz neben der Kirche hing Adolf Mahnke auf halber Höhe wie ein Affe an einem Lindenstamm. Auch er feixte. Das schmerzte schon mehr. Gern wäre Heinrich jetzt hinter Adolf hergeklettert, aber die Pflicht rief.

Er ging am Brandensteinschen Palais vorbei und bog kurz vor dem Kabinettsgebäude in die I. Wasserstraße ein, die in die Apothekerstraße mündete. Grau und stumm und in dieser frühen Abendstunde leer und verlassen höhnte ihn die Front der Bürgerschule an. Ja, hier hätte er viel lieber seine Schulzeit abgebrummt, aber es mußte ja unbedingt das Gymnasium sein. Pastors Sohn gehört nun mal auf die gelehrte Schule! Warum war sein Vater nicht Forstrevisor wie der von Adolf Mahnke oder Bäckermeister wie Herr Trapp? Er überquerte die Friedrichstraße und trat durch einen schmalen Durchgang in den riesigen Schatten des Domes ein. Die Gittertür zum Kreuzgang war noch offen; sie wurde erst bei Einbruch der Dunkelheit von Pedell Kortüm geschlossen. Seine Schritte hallten unter den riesenhohen Gewölben. Die Sonne war schon hinter dem Dach des kurzen, dicken Domturms verschwunden; das scharfe Frühlingslicht des Tages war einem ungewissen

Helldunkel gewichen, das schweigend über dem totgetretenen Rasen des Klosterhofs lag, der dem Gymnasium zum Pausenhof diente. Schief stand, offensichtlich an der Lichtarmut leidend, eine alte Platane in dem ziegelrot verdunkelten Hofplatz, der Heinrich jetzt, da er durch die gotischen Bögen des Kreuzganges lief, wie ein Verlies unter der ungeheuerlichen, kalt abweisenden Nordwand des Domes vorkam. Nur ein paar Dohlen kreischten durch den Märzhimmel. Noch vier Wochen bis Ostern, dachte Heinrich. Dann stemmte er die schwere Tür auf und trat in den dunklen Vorsaal. Heinrich kannte sich hier schon aus. Hin und wieder trug er, vom Vater beauftragt, Bücher aus der Bibliothek des Gymnasiums zurück oder holte sie ab. Im Hintergrund der Halle gähnte eine offenstehende Tür; Stimmen drangen durch das Halbdunkel.

Heinrich blieb an der Tür stehen, er wagte nicht, zu klopfen und das Gespräch der Herren da drinnen zu unterbrechen. Dann bemerkte er – und er fühlte sofort eine Erleichterung in sich aufkommen – den jungen Dr. Latendorf, der mit dem Herrn Direktor in ein Gespräch vertieft war. Von Herrn Direktor selbst war nur das gelegentliche Aufglühen seiner Zigarre zu bemerken. Latendorf wandte sich um und sah seinen tüchtigen Sprichwortsammler an der Tür warten. „Ach, der junge Seidel! Sie gestatten, daß ich mich entferne, Herr Direktor?" Die aufleuchtende Zigarre wippte auf und nieder, und Latendorf, im Hinausgehen, flüsterte: „Pünktlich! Gut! Das mag er!"

So betrat Heinrich eine Viertelstunde zu früh das Kabinett des Dr. Wex. Er baute sich vor dem Schreibtisch auf, in gebührendem Abstand, machte eine linkische Verbeugung und sagte, wie Mutter Johanne es ihm aufgetragen hatte, nichts weiter als „Guten Tag, Herr Direktor!"

Aus den Tabakswolken hervor kam die Antwort. „Guten Tag. Also der junge Seidel … Ein Kümmerling bist du nicht … Ziemlich groß schon … Wollen sehen, wollen sehen"!

Er schwieg und betrachtete im immer mehr abnehmenden Licht des Tages, das durch die hohen Butzenscheiben hereinfiel, nachdenklich den neuen Schüler. Heinrich bemerkte, daß das hohe, gewölbte Kabinett zwei Fenster hatte – eines nach außen zur Bischofstraße hin, ein zweites nach innen zum Hof. Vor diesem Hoffenster stand ein hölzerner Tritt mit zwei Stufen.

„Steig hinauf!" befahl der Direktor, der den Blick des Jungen verfolgt hatte. „Schau hinaus! Was siehst Du?" Nur mit Hilfe des Tritts konnte man überhaupt aus dem Fenster hinaussehen. „Ich sehe den Hof, Herr Direktor!" antwortete Heinrich.

„Gut. Komm wieder herunter. Was willst du einmal werden?" Die Frage verblüffte und überraschte Heinrich nach dieser Demonstration. „Pastor", sagte er, „oder Naturforscher!" „Naturforscher. Soso."

Der Direktor war aufgestanden und umwanderte Heinrich und den Schreibtisch in konzentrischen Kreisen. Das Gewölbe hoch oben warf das Echo der Schritte zurück. Die Uhr des Domes schlug fünfmal.

„Gut, Naturforscher … Gut. Du kannst gehen. Grüße den Vater von mir. Dienstag nach Ostern fängst du in Quinta an. Von Dr. Volz weiß ich, daß es mit dem Latein nicht zum besten steht.

Vier Wochen Zeit bleiben dir noch. Nimm die Formenlehre bis zur 4. Konjugation noch einmal durch, laß Dir vom Vater den kleinen Schönborn geben und übe das laute Lesen der beiden ersten Abschnitte ... Naturforscher! Nicht schlecht ... Was ist das?" fragte er unvermittelt und wies auf eine Topfpflanze, die trotz der argen Peinigungen durch die Zigarren des Direktors auf dem Schreibtisch grünte. „Sparmannia africana, eine Zimmerlinde, Herr Direktor!" „Donnerwetter! Na, geh, Naturforscher!"

Heinrich trat aus dem verräucherten Kabinett und dem dunklen Vorsaal zurück in die scharfe Luft, die den Kreuzgang durchwehte, und machte sich auf den Heimweg. Irgendwie fand er es komisch, daß der Direktor kein Wort zu seinem anderen Berufswunsch verloren hatte: Pastor zu werden. Er überholte, noch einmal grüßend, den Dr. Latendorf, der mit einer Dame am Arm ganz langsam durch die Friedrichstraße schritt und ihm freundlich zuwinkte. Dann rannte er nach Hause. Er wunderte sich, daß Adolf Mahnke immer noch an der Linde hing, bis ihm einfiel, daß das ganze Gespräch mit dem Direktor höchstens fünf Minuten gedauert hatte.

Der Vater saß bei der Lampe an seinem Arbeitstisch und legte die Feder weg, als Heinrich eintrat. Er fühlte wohl, daß sein Sohn beruhigter wiederkam als er fortgegangen war. Heinrich richtete den ihm aufgetragenen Gruß aus und seufzte, „Latein, nicht wahr?" fragte der Vater. „Der kleine Schönborn, wie?"

Als Heinrich nickte, stand er auf und ging an eines der Regale, die, wie schon in Perlin, mit Büchern und Papieren vollgestopft bis an die Decke reichten. Er griff zielsicher zu.

Heinrich konnte sich bis an sein Lebensende darüber wundern, wie Vadding-Pasting sich in diesem Wust von Wissenschaft und Poesie, im Chaos der Gelehrsamkeit, so zielsicher zurechtfand. Der „kleine Schönborn" jedenfalls befand sich tatsächlich an jener Stelle, an die er nach Vaters Meinung gehörte. Er warf das zerfledderte Büchlein mit etwas geringschätziger Geste auf den Schreibtisch. Es rutschte bis zu Heinrich hin. „Dann lies mal schön!" Dann trat er hinter seinen Sohn und legte ihm die Hände auf beide Schultern, „Wirst es schon schaffen, mein Junge. Hab's ja auch geschafft. Wart mal, wenn erst Griechisch kommt. Das ist noch viel schwerer." Er nahm das Buch vom Tisch, blätterte, „Fang mal mit dem Aesopus an. Das sind doch ganz lustige Geschichten." – „Lustig schon, Vater. Aber lateinisch!"

„Und hat er dich gefragt, was du werden willst?" – „Ja, hat er. Ich habe gesagt: Pastor oder Naturforscher!" – „Naturforscher? Naja. Ich mein' schon, du wirst Pastor. Wozu riet er?" – „Er riet gar nichts. Er fragte mich nach seiner Sparmannia africana, die auf seinem Schreibtisch steht." – „Sparmannia africana? Was ist denn das?" – „Aber Vater, 'ne Zimmerlinde!" – „Ach so, ja, Zimmerlinde … Na, denn lies schön, du Naturforscher! Naturforscher geht, wie du siehst, auch nicht ohne Latein!" Heinrich verdrehte die Augen, griff nach dem „kleinen Schönborn" und trollte sich aus dem Zimmer.

Am anderen Morgen, es war inzwischen Schluß mit der Vorschule, entfleuchte er gleich nach dem Frühstück und machte sich in Begleitung des widerwärtigen Buches auf den Weg in den Schelfwerder. Der Himmel glänzte in schierem Blau, aus allen

Sträuchern sprangen die ersten Blätter, das Vogelvolk in den Schilfwäldern veranstaltete einen Heidenlärm, und die alten Bäume auf der dichtbewaldeten Halbinsel rauschten, kahl noch, aber schon nicht mehr winterssarr, im linden Wind, der vom See her kam. Bis zur Werderecke lief er im Waldschatten, dann hüpfte er in langen Sprüngen von Bülte zu Bülte durch das nasse Ufer bis zu der alten Weide, die im vollem Schmuck ihrer Kätzchen hart am Seeufer prangte. Mit zwei Sprüngen saß Heinrich in seinem „Sattel" zwischen zwei zernarbten Ästen des Baumes. Die herabhängenden Zweige umgaben ihn wie ein Zelt, und durch sie hindurch drang die intensive tiefblaue Farbe des Sees, dessen gegenüberliegendes Ufer sich fern im Dunst verlor. Hier, in der Weide frierend, hatte er schon im zurückliegenden kalten Winter den seltenen Eisvogel beobachtet, der in den schmalen Hochufern seine Höhlen baute und im offenen Wasser vor einer kleinen Bachmündung fischte. Der Eisvogel aber kam heute, wo es in der Sonne schon so angenehm warm war, nicht. So schlug Heinrich den „kleinen Schönborn" mit Ingrimm auf und begann darin zu lesen, laut, wie ihm angeraten war, und falsch natürlich, aber das bemerkte weder er selbst noch der vierschrötige, in grünes Loden und Schmierstiebeln gekleidete Forstrevisor Mahnke, der, mit einer Meßlatte bewaffnet und von seinem Dackelhund begleitet, aus dem Gehölz trat. Er watete mit seinen Stiefeln durch den Morast bis an den Stamm der Weide heran, um nachzusehen, wieso dieser friedliche Baum plötzlich Sachen schrie wie „Nil sine magno vita labore dedit mortalibus!" Das war vom alten Horaz, der auch im „kleinen Schönborn" vertreten war und von dem Heinrich als einziges den „rara avis", den seltenen Vogel, verstanden hatte.

„Ach, Pastors Heinrich!" sagte der Forstrevisor und bog mit seiner Meßlatte die Weidenruten auseinander, um dem „rara avis" Heinrich Seidel in seinem Hochsitz zu betrachten. „Was machst du denn hier?"

„Ich warte auf den Eisvogel!" antwortete Heinrich, der Wahrheit gemäß. – „De Isvagel! disse szakermentsche Racker!" sprach der Forstrevisor. Er wies auf die lehmigen Uferränder mit den Nistlöchern. „Dor sitt de in, de verfluchtige Klabauter!"

Für den Forstrevisor war der Eisvogel, dieses fliegende Juwel und Wunderwerk der Natur, nur ein leidiger Fischräuber und verdiente, ausgerottet zu werden. Immer beschwerte sich der Seevogt über die Klagen der Stadtfischer, daß die Vögel, so klein sie auch waren, Schaden in den Hechtbruten anrichteten und mit Vorliebe die jungen Zander an ihre eigenen Kinder verfütterten, Fische, manchmal größer als sie selbst. Aber was konnten sie am Ende schon ausrichten, die Winzlinge hier am riesigen See! Heinrich erklärte also dem staunenden Forstrevisor seine Erfahrungen mit den Eisvögeln und erntete das verlockende Wort, das er selbst, nach seinen Lebenszielen befragt, ausgestreut hatte, nun schon zum dritten Mal zurück, denn nach dem Herrn Direktor und dem Vater sprach es jetzt auch der Forstrevisor Mahnke, und durchaus mit einem anerkennenden Unterton in seiner dröhnenden Stimme, aus: „Bist ja der reinste Naturforscher, Jung!"

Mit diesem Lobeswort im Herzen und dem „kleinen

Schönborn" in der Tasche trat Heinrich den Rückweg an. An der Brücke über den Werderkanal trieben Arbeiter mit einem Rammbock dicke Pfähle in den Boden der Uferböschung. Ein Flaschenzug mit dicken eisernen Ketten hob rasselnd das schwere Gewicht in die Höhe. Dann riß einer der Arbeiter an einer Leine, der Rammbock löste sich aus der Klinke und krachte, von der eisernen Fallschiene sicher gelenkt, auf den Kopf des Buhnenpfahls. Rumms! Dann ging es von vorn. Fast spielerisch mutete es an, wie die sinnreiche Mechanik mit rasselndem Rrrrt! Rrrrt! Rrrrt! den Bock anhob, dessen angesammelte Kraft sich dann im Niederfall entlud: Rumms! Und jedesmal senkte sich der dicke Eichenpfahl um die Breite eines Daumens tiefer ins Erdreich.

Heinrich beobachtete den Vorgang, aufs eiserne Geländer der Brücke gestützt, mit Interesse, ja, mit Gebanntheit. „Jungedi!" sagte er zu sich selbst, und der Vorarbeiter, der den Jungen oben an der Brücke stehen sah, schob die lederne Schirmmütze in den Nacken und lachte. In Heinrich arbeitete es. Er bewegte Lippen und bog die Finger ein: Oben drei Rollen, unten drei Rollen. Sechsmal spannte sich die Kette zwischen den Kloben. Um den Klotz einen Meter anzuheben, mußten die Männer also sechs Meter Kette ziehen. Sie machten das mit vier Mann. Abgezählt und eingeübt griffen die Hände übereinander ans Eisen, das ihnen klirrend durch die Finger lief. Rrrrt! Rrrrt! Rrrrt! Rumms!

„Tjä, wenn wi nu noch 'ne Dampmaschin' harr'n!" sagte der Vorarbeiter, dem es wohl gefiel, daß der Junge auf der Brücke sich für diese Arbeit interessierte.

Heinrich ging die Beobachtung auf dem Heimweg noch lange durch den Kopf. Tja, wenn sie nun eine Dampfmaschine hätten …

Dann kam Ostern und verging, und es kam der Dienstag nach dem Fest. Morgens um neun Uhr versammelte sich die neue Quinta in dem ziemlich großen, finsteren Klassensaal, der über dem Ostflügel des Kreuzganges lag. Durch die kleinen Fenster kam erst am Nachmittag für zwei Stunden die Sonne herein. Es war in den alten Mauern noch kalt; auch der große Eisenofen, der in der Ecke stand, vermochte das weitläufige Gemach nur für jene Glücklichen zu erwärmen, die nahe bei ihm ihren Platz gefunden hatten. Die Platzverteilung würde sich noch ändern, wenn der Ordinarius der Quinta, der junge Dr. Latendorf, die Übersicht über die Leistungsfähigkeit seiner Rasselbande würde gewonnen haben. Immerhin saßen 54 Quintaner im Schulsaal. Wie würden sie einschlagen? Wann würde ihre Fremdheit, die sie jetzt noch zügelte, sich in eine Rang- und Hackordnung passen? Wer würde vorne, wer hinten sitzen? Wer hatte das Zeug zum Primus? Und wer würde nach Ablauf eines Jahres wieder verschwinden? Dr. Latendorf musterte seine Kandidaten „Stück für Stück", während er, sein Merkbuch benutzend, durch die Bankreihen ging. „von Sell?" – „Hier!" – „von Oertzen?" – „Hier!" – „von Buchwald?" – „Hier!" – „Seidel?" – „Hier!"

Latendorf machte eine Pause beim Aufrufen der Namen und sah einen Moment aufmerksam zu dem Jungen hin, der neben dem ersten Fenster der Längswand in seiner Bank stand. Er nickte ihm, kaum merklich, zu. Heinrich empfand einen

Moment lang Vertrautheit und setzte sich. Latendorf fuhr fort. „Flemming!" – „Hier!" – „Albert!" – „Hier!" – „Tischbein!" – „Hier!"

Vierundfünfzig Namen, darunter zwei zweimal: zwei Bruderpaare, eins davon Zwillinge: Holtz und von der Lancken. Sie empfingen Stundenplan, Schul- und Lehrverfassung, Verhaltensmaßregeln. Dann pfiff im Schulhof der Pedell auf einer Bootsmannspfeife schon zur ersten Pause. Man drängte über eine enge Stiege nach unten in den klammen Hof zwischen den alten Mauern. Peter Albert, der neben Heinrich einen Platz gefunden hatte, zog eine ungeheure silberne Taschenuhr hervor, klappte den Deckel auf und sagt: „Der Pedell hat drei Minuten zu früh gepfiffen!", und tatsächlich schlug es erst jetzt zehnmal dumpf vom Dom herunter. „Bist du der Seidel vom Pastor?" Heinrich nickte. Peter Albert streckte ihm die Hand hin und sagte: „Mein Vater ist Leutnant bei den Füsilieren. Er sagt, der Pastor Seidel kann predigen, vor allem nicht so lange." Heinrich lachte und nahm die dargebotene Hand. Zugleich gab er der silbernen Riesenzwiebel seines Banknachbarn den Namen, den sie fürderhin behalten sollte: „Stullenbüchse". Da die meisten Quintaner noch keine Uhren trugen, war Peter Albert bald ein gefragter Mann: „Was sagt die Stullenbüchse?"

Schon nach ein paar Wochen hatte sich Heinrichs Umgang mit seinen Mitschülern geordnet. Sie waren sieben, die sich gut vertrugen und bei allen Unterschieden ihrer Charaktere doch ähnliche Interessen hatten. Nur einer von ihnen, Adolf von Buchwald, war von Adel. Die anderen Adligen, alle die Oertzen und Bülow und Lützow und Bassewitz, bildeten gesonderte Grüppchen. Adolf von Buchwald paßte auch nicht in die Riege der Junker; er war von scharfer Intelligenz und voller Neugier für alles, was kreuchte und fleuchte. Er wollte einmal nach Südamerika auswandern und Pflanzer werden. Fritz Jenning, der sich bald als ein nahezu begnadeter Rezitator erwies, unterhielt die Schulfreunde mit aus dem Stehgreif erfundenen grandiosen Gedichten, die er feierlich vortrug. Er beeindruckte Heinrich sehr, und als er drei Jahrzehnte später seine Erinnerungen an diese Zeit niederschrieb, vergaß er eine später im Tertia vorgefallene Szene nicht.

Der Dr. Schiller, ein etwas merkwürdiger Lehrer, der gelegentlich in der Stunde den „Hamburgischen Correspondenten" las und derweil die Schüler deklamieren ließ, fiel auf Jennings Fähigkeit herein, der mit glühendem Pathos den schieren Unsinn in die Klasse schrie, etwa so:

„Aus den Wolken gießt es Erde,
Blutig wölkt der Glocke Schlag,
Und mit amtlicher Beschwerde
Übt der Krämer Überschlag.
Salto springt der Palme Wedel,
Wenn der Räuber sich entleibt,
Doch der Karrenführer Kedel
Bleibet ewig unbeweibt!"

Dr. Schiller, ohne von der Zeitung aufzusehen, fragte: „Von wem ist das?" und Jenning antwortete, ohne auch nur zu erröten: „Von Chamisso, Herr Doktor!" – „Gut, zwei a, setzen!" kam es vom Katheder. Dabei hätte Schiller es eigentlich doch merken müssen, denn der „Karrenführer Redel" war eine stadtbekannte Unperson, dessen Aufgabe das Abfahren der „Tonnen" aus den Abtritten des Gymnasiums war. Bei dieser Beschäftigung hatte der gute Mann das Odeur seiner Materie angenommen und blieb infolgedessen „unbeweibt".

Neben Jenning saß Hans Tischbein. Der entstammte einer weitverzweigten Künstlerfamilie. Seine Eigenart bestand in einem Hang und zugleich einer erfolgreichen Begabung zu allerhand technischen Tüfteleien. Aus Draht und Hölzchen, aus dem Abfall einer seinem Elternhaus benachbarten Uhrmacherwerkstatt und mit seinen bloßen, unglaublich geschickten Fingern schuf er kleine Maschinen und Apparate, die „richtig liefen", goß sogar kleine Kanonenläufe, mit denen man tatsächlich schießen konnte, und war ein wahrer Meister des Feuerwerks und der Raketenbaukunst. Hans und Heinrich hockten stundenlang in der kleinen Laube des Pfarrhausgartens, wo sie ihre aktuellen Erfindungen ausprobierten, manchmal zum Schrecken von Mutter Johanne, die eines Tages mit dem Mittelfinger in eine von Hans Tischbein konstruierte und von Heinrich Seidel gebaute unfehlbare Maulwurfsfalle geriet. Die dabei erlittene Blessur heilte zwar schnell, denn das Gerät war ja nur für ein kleines schwaches Tierchen bestimmt. Der Vorfall hatte aber die unangenehme Folge, daß Hans Tischbein für eine Weile am Betreten des Pfarrhausgartens gehindert wurde.

Graff aus Grabow und Haack aus der Münzstraße gehörten noch zum Zirkel, Graff, ein rotblonder, sehr starker und gleichzeitig, was auch in Mecklenburg selten ist, sehr kluger Junge, glänzte in der Mathematik und ersann Denkaufgaben, die selbst dem erfahrenen Rechenlehrer Brauns Kopfzerbrechen machten, und Haack, dessen Vater eine Stellmacherei betrieb, die sich etwas großspurig „Wagen-Fabrique" nannte, war ein schweigsamer Mensch und unermüdlicher Beschaffer unglaublicher Obstmengen aus den Gärten und Lagern seines bärenhaften Vaters, der kopfschüttelnd und duldsam die körbeweise Verwertung seiner Gartenfrüchte kommentierte: „Wat de Jungs oewer ok fretten!" Schließlich blieb noch als letzter und wichtigster Kamerad der Gymnasiumsjahre der beste Freund, den Heinrich gewann und der ihm auch später verbunden blieb: Walter Flemming.

Walter wohnte mit seinen Eltern in einem gediegenen, großen Haus, das unmittelbar neben dem riesigen Arsenalgebäude am Pfaffenteich, an der Ecke der steil abfallenden Kommandantenstraße, lag. Sein Vater war ein ziemlich berühmter Nervenarzt. Bis vor zwei Jahren noch hatte er die „Großherzogliche Irrenheil- und Pflegeanstalt" auf dem Sachsenberg geleitet, die er vor dreißig Jahren gegründet hatte – der freimaurerische Baurat Demmler hatte, damals ein junger Mann wie Flemming – die Risse zu den Gebäuden entworfen. Irgendwie hatten die beiden nach 1848 Ärger mit dem Großherzog bekommen – aus politischen Gründen, meinte der Pastor, was immer das bedeutete. Der Hofbaurat war entlassen worden, der Irrenhausdirektor war freiwillig gegangen und hatte sich in der Stadt niedergelassen. Er hatte als Arzt großen Zulauf und wichtige Patienten aus den obersten Schichten. Walter, der seinen Vater sehr schätzte und auf vertrautem Fuß mit ihm stand, nannte ihn einen Kyniker. „Warum werden eigentlich immer nur die Reichen verrückt?" fragte Heinrich einmal den Geheimen Medizinalrat, und der setzte ein faunshaftes Lächeln auf und antwortete: „Sie haben Zeit dazu!" – „Und die Armen?" bohrte Heinrich weiter. „Die Armen? Die haben keine Zeit dazu!"

Solche Belehrungen empfing Heinrich des öfteren, wenn er seinen Freund Walter besuchte, um mit ihm gemeinsam Latein zu büffeln, denn da war Walter ihm haushoch überlegen. Im Gegenzug diktierte Heinrich seinem Freund den fälligen Aufsatz. Aufsätze gab Dr. Latendorf wöchentlich auf; noch konnten die Quintaner die Themen frei wählen, aus vorgegebenen Generalthemen, versteht sich. Latendorf war da großzügig: „Der Mensch und die Natur", „Unsere Familienfeste", „Was ich kürzlich gelesen habe". Dann einigten Heinrich und Walter sich auf ein paar Einzelheiten, damit der Aufsatz nicht allzu „seidelsch" wirkte, und Heinrich ging um den weißen Gartentisch im Pfarrhausgarten in großen Kreisen herum wie weiland der Direktor in seinem Studierzimmer und diktierte unter Einschluß der Satzzeichen. Walter indessen warf Heinrichs Extempores mit schmissiger Feder auf das billige Konzeptpapier, das bei Pastor Seidel im Amtszimmer erbeten oder stibitzt wurde, je nach An- oder Abwesenheit des Pastors. Natürlich hörte Dr. Latendorf die Nachtigall trapsen, sagte aber nichts. Als guter Pädagoge wußte er schon, wem man durch die Finger sehen konnte und wem nicht. Nur einmal, bei Heinrichs farbiger Schilderung einer Flemmingschen Kindstaufe, bei der ein Onkel einen Ohnmachtsanfall erlitt und in die Torte fiel, gebot er Einhalt: Schließlich war er selbst Gast dieses Festes gewesen und hatte von dem geschilderten Unfall nichts bemerkt.

Ach, es hätte die schönste Schulzeit sein können, wenn sie doch nur mit Naturkunde, Turnen, Singen und deutschem Aufsatz angefüllt gewesen wäre. aber das Lateinische! Es war allgegenwärtig. Es war, als wären die Mauern der alten Domschule vollgesogen mit den rabulistischen Kapriolen der Grammatik, als hallten immerfort die Gewölbe wider vom Singsang des Tacitus, als dröhnten die im Chore konjugierten unregelmäßigen Verben durch Kreuzgang und Betsaal. Bis in den Schlaf verfolgten sie Heinrich. Die alte Sprache verdarb ihm den Schulweg wie den Heimweg, sie fügte sich ihm nicht, und daß er sich ihr fügen sollte, sah er nicht ein. Wie lange würde es gehen?

Es ging, immerhin bis in Tertia, nachdem Heinrich die Quinta überstanden und in Quarta, weil man sie wegen der großen Schülerzahl in eine Unter- und eine Oberquarta geteilt hatte, natürlich, seiner schlechten Lateinnoten wegen, in der Unterquarta hängengeblieben war. Dann kam später in Untertertia noch zu der Scylla die Charybdis, zum Lateinischen das Griechische hinzu. Schrecken über Schrecken! Griechisch traktierte der alte Prorektor Reitz, und kopfschüttelnd, die augenfällige

„Tumbheit" dieses Kopfes für die Sprache Homers als unheil-
bar erkennend, fragte er bei jeder falschen Antwort Heinrichs
(und Heinrichs Antworten waren immer falsch) zum Gaudi
der Klasse seine später durch sein armes Opfer berühmt gewordene Frage: „Seidel, mein Gott, Seidel: Wann gehn Sie ab?"
Hatte er gute Laune, was bei dieser staubtrockenen Lehrer-
seele höchst selten war, fragte er dasselbe mit abmildernder
Schärfe auf Platt: „Seidel, nee, Seidel, nu seggen Sei mal: Wann
gahn Sei af?"

Solche Fragen erörterte auch mehrfach der Herr Direktor
höchstselbst mit dem Pastor, und dieser, im Sommer 1858
besonders milde gestimmt, weil er zum sechsten Male Vater-
freuden entgegensah, gab endlich nach. Heinrich ging ab. Man
einigte sich, daß er nach den Sommerferien nicht mehr in die
Tertia zurückzukehren brauchte. Das Zeugnis sprach in milder,
wohl vom Oberlehrer Dr. Latendorf entworfener Formulierung
von „glänzenden Fähigkeiten in der Naturlehre und der Mathematik, dem Deutschen, dem Englischen und der Beredsamkeit",
nur habe Heinrich in den Alten Sprachen den Ansprüchen der
Anstalt nicht genügen können. Bis Ostern sollte er zu Hause
bleiben, sich auf seine schon zweimal verschobene Konfirmation vorbereiten und dann als Lehrling in die Lokomotivwerk-
stätte am Bahnhof eintreten.

Heinrich kam sich vor wie ein Dompfaff, der dem Käfig
entflohen war. Die Lehrstelle sollte nur für ein Jahr besucht
werden, und danach winkte das Technikum in Hannover: Maschinenbau hieß das angestrebte Studienfach, und Hänschen

Tischbein würde sein Studiengenosse sein. Der wollte noch die Tertia abschließen und dann ebenfalls im Herbst aufs Hannoversche Technikum wechseln. Alles in Heinrich war Jubel und Freude. Besonders froh war er, daß sich auch seines Vaters Miene aufgeheitert hatte. Denn war es nicht eigentlich fast ein kleiner Skandal? Der Sohn des Garnisonspredigers der Residenzstadt ein Schlosserlehrling? Der Vater im strengen Lutherrock, der Sohn im blauen Kittel? Nun, es sollte wohl so sein, und auch die Atmosphäre am Familientisch war durch Heinrichs Abgang gereinigt.

Ja. Mutter Johanne war wieder einmal schwanger. Nun, warum nicht – sie war noch jung, erst fünfunddreißig Jahre alt, und liebte ihren Pastor zärtlich. Nach vier Kindern hatte sie eine siebenjährige Pause eingelegt, und jetzt, wo Clara schon zehn und Frieda zwölf war und beide tüchtig im Hause halfen, sollte Hermann, das dreijährige Nesthäkchen, noch ein Geschwisterchen haben. „Fru Pastern erwartet wieder?" fragte die Nachbarin Mahnke Heinrich, als er kam, um Adolf zum Schloßgartenbummel abzuholen. Adolf war jetzt Forstlehrling in Vaters Revier, ein flotter junger Mann mit wiegendem Gang, der den Mädchen nachpfiff. Heinrich meinte, in dieser Hinsicht von Adolf Mahnke mehr lernen zu können als von seinem Freund Walter Flemming, den eine ähnliche Schüchternheit jungen Damen gegenüber auszeichnete wie ihn selbst. „Frau Pastern erwartet wieder? Ischa gah nich ßu sehn?" Heinrich winkte ab. „Ach, das geht bei ihr so mit ab, das sieht man nicht, und schon hat man wieder einen Bruder mehr!" antwortete Heinrich altklug. Und er war fest entschlossen, sich dieses Mal nicht wieder nach Kneese oder nach Parum verbannen zu lassen zu Onkeln und Tanten, wenn das Ereignis nahte. Man war doch schließlich so gut wie erwachsen!

Die Konfirmation, die Heinrich mit Werner zusammen zuteil wurde, war eher ein Kinderspiel. Der kleine Paul, den Mutter Johanne mitnahm in die Kirche, schrie wie am Spieß. Vielleicht erinnerte sich das Kerlchen unbewußt an den kalten Wasserguß der Taufe, den er gerade ein Vierteljahr zuvor hier erlitten hatte.

Die Angehörigen des Offizierskorps der Residenz, soweit sie in die Zuständigkeit der Schelfkirche gehörten, füllten mit ihren Familien das Kirchenschiff bis auf den letzten Platz, als die dreiundzwanzig Konfirmanden einzogen, erst die Jungen, dann die Mädchen. Heinrich gegenüber stand Helene Gillmeister, wie alle Konfirmandinnen in schwarzem Seidenkleid mit weißem Spitzenkragen, und sah ihn unverwandt an. Glaubte er. Helene war seit längerer Zeit sein Schwarm; er dichtete Ritterspiele, in denen ein Held namens Henricus, den man sich so vorzustellen hatte wie Heinrich den Löwen, ein Burgfräulein namens Elena aus den Klauen eines feuerspeienden Drachens errettete, natürlich nach allerlei dramatischen Wendungen und Schwertkämpfen, Todesritten und gefährlichen Abenteuern aller Art. Walter Flemming, dem er die dramatischen Versuche vorlas, bestellte sogleich ein ähnliches Werk, das dem Ivanhoe nachempfunden werden sollte; das entsprechende Ritterfräulein sollte Giovanna heißen. Denn die jugendliche Klavierlehrerin, die dem Sohn des Geheimen Medizinalrates das Pianofortespiel beibringen sollte,

64

hieß Johanne, wie Heinrichs Mutter, war ausnehmend schön und leider mit dem Heldentenor des Hoftheaters verheiratet. Das aber tat Walters Neigung zu ihr keinen Abbruch, und er erklärte Heinrich, daß er die Unterrichtsstunden bei Frau Hofsänger Schickedanz sehr genoß. Zu Ostern wolle er ihr dann das Dichtwerk, natürlich unter seinem eigenen Namen, dedizieren. Als Honorar empfing Heinrich einen Besuch in der Irrenanstalt, zu der Walter Flemming auch nach seines Vaters Rückzug vom Sachsenberg jederzeit freien Zutritt hatte. Heinrichs Eindruck von dieser Welt der Verrückten war tief; besonders prägte sich ihm ein zyklopenhaft ungeschlachter Mann ein, der schon mehrfach des Säuferwahns wegen den Sachsenberg bewohnt hatte und immer, wenn es wieder einmal „soweit" war, daß ihn sein Leiden überfiel, vom Wirtschaftsinspektor zum Rasenmähen angestellt wurde. Man konnte ihn dann durch den Staketenzaun beobachten, bis er es bemerkte, drohend die Sense schwang und herüberschrie: „Narren! Ihr seid ja alle Narren!"

Helene sah ihn während der ganzen Konfirmationsfeierlichkeit unverwandt an. Der Pastor segnete seine Schäfchen, Helene knickste und blickte auch im Knicks noch in Heinrichs glückseliges Gesicht. Zweifel beschlichen ihn erst, als beim Ausgang plötzlich eine Brille auf Helenens Nase saß, die ihr zwar nett zu Gesichte stand, aber zugleich ihre Kurzsichtigkeit enthüllte – ohne sie hatte sie sie während des ganzen feierlichen Aktes durch Heinrich hindurchgesehen.

Die Lokomotivwerkstatt beim Bahnhof empfing ihn mit Eisenlärm und Dampfgeschrei. Begeistert lag er in der Formerei neben dem Meister auf den Knien und begriff, was alles man aus Sand und Eisen machen konnte. Wie die Kraft der riesigen Dampfpresse auf ihn überging, wenn er nur mit dem Finger den Hebel des Ventils bewegte und sich das fingerdicke Blech unter dem Stempel willig in die Form fügte! Später meinte er, hier nicht viel gelernt zu haben, aber da maß er es wohl schon an dem, was er selbst leistete, und vergaß vielleicht auch die Jahrzehnte zwischen Erlebnis und Erinnerung.

Jedenfalls kam er nun Abend für Abend schwarz bis unter die Haare ins Pfarrhaus zurück, wo Mutter Johanne schon fürsorglich den Badezuber bereithielt, und er setzte sich neben den Vater mit dem stolzen Gefühl, das Seine getan zu haben für heute wie er. Der Vater übrigens hustete in letzter Zeit bedenklich und ließ vom Tabak. Das wollte Heinrich gar nicht gefallen.

Der Herbst 1860 kam heran. Mutter Johanne werkelte an seiner Ausstattung herum, die Schwestern stickten Monogramme in seine Schnupftücher, und Werner bastelte ein zierliches Sandelkästchen für die Zirkel und Reißfedern, die für das Technikum angeschafft wurden. Dann kam jener Tag nach dem kurzen heißen Sommer, an dem Heinrich Seidel und Hans Tischbein, von den beiden Familien feierlich zum Bahnhof begleitet und verabschiedet, mit ihrem Gepäck in den Zug kletterten, um die umständliche Reise nach Hannover anzutreten. Man mußte in Hagenow Heide und in einem Dorf namens Büchen umsteigen. Sodann kam man nach Lauenburg, wo die Bahn endete. Die Reisenden buckelten ihre Siebensachen und stapften zum Anleger. Mit einer Fähre ging es über die Elbe, die nach dem langen trockenen Sommer nur wenig Wasser führte, und dann mit einer Fahrpost nach Lüneburg und von hier aus nach zweistündigem Aufenthalt weiter per Bahn nach Hannover. Die ganze umständliche Reise war eigentlich nur durch die Abwechslung bei den Verkehrsmitteln zu ertragen. In der Fahrpost packten die angehenden Technikstudenten ihre Reisebrote aus, und Heinrich geriet dabei an Werners Zirkelkästchen, dessen Deckel er mit steifen Schnitzbuchstaben verziert hatte:

Heinrich Seidel.
Maschienenbauer.

stand da eingegraben. Maschienenbauer mit ie. Heinrich strich mit den Fingern über die gekerbte Schrift und lächelte. Die Postkutsche rumpelte durch ein hannöversches Straßenloch, und die Zirkel im Kästchen klirrten leise. Und wenn er die Reise noch immer als „Heinrich" angetreten hatte, so kam er nun als „Seidel" in Hannover an.

Der Dompfaff, der in dem schattigen Briefkasten genistet hatte, war ausgeflogen.

II

Seitdem ist dieser Traum nicht wiedergekehrt

(1860–1866)

Von Hannover blieb Seidel eigentlich nicht viel im Gedächtnis. Mag auch sein, daß ihm später an solchem Andenken nicht viel lag. Die Stadt war stellenweise prächtig und den Rändern zu eher öde und zerfranste sich übergangslos in die „hannöverschen Sandwüsten", die auch Heinrich Heine schon mißbilligend erwähnt hatte. Der, Heine, war dem anreisenden Adepten Seidel schon in Lüneburg in den Kopf gekommen, und zwar so nachhaltig, daß er's nicht vergaß. Dort in der lieblichen alten Salzstadt hatte nämlich Heine ein Lied gedichtet, das Seidel als Programm empfand, denn es endete mit einer ziemlich traurigen Strophe, so traurig, daß er sie beim Verlassen des Eisenbahnwagens zu Hannover und beim Fußmarsch in die Aegidienvorstadt hätte zitieren können:

> Am alten, grauen Turme
> ein Schilderhäuschen steht:
> Ein rotgerockter Bursche
> Dort auf und nieder geht.
>
> Er spielt mit seiner Flinte,
> Sie funkelt im Sonnenrot,
> Er präsentiert und schultert –
> Ich wollte, er schösse mich tot.

Es war ja schon ziemlich finster an jenem 16. Oktober 1860, als Seidel, noch immer in Begleitung seines braven Tischbein, durch diese Aegidienvorstadt stiefelte. „Vom Bahnhof eine kleine halbe Stunde", hatte eine ferne Römersche Tante geschrieben, habe sie für den jungen Mann aus Schwerin eine Stube bei dem Steinzeichner Grotewohl gemietet, „klein, liebste Base, aber reinlich, und gewiß nicht zu teuer". Die Straße hieß „Beim Aegidienkirchhofe" und war eher ein Durchgang als eine Straße. Der „Steinzeichner Grotewohl" erwies sich als ein kahles Hutzelmännchen. Im Erdgeschoß waren Werkstatt und Laden des Lithographen, dahinter, was er seine Wohnung nannte, zwei ziemlich lichtlose Stuben und eine Küche, die zum Hof hinaus eine Tür hatte. Diese Tür stand immer offen, denn es stank im ganzen Hause durchdringend nach den chemischen Substanzen, die Herr Grotewohl zur Ausübung seines beschwerlichen Geschäfts benötigte. Der winzige Hof war mit den Kalksteinplatten vollgestapelt, von denen Herr Grotewohl die von seiner Kundschaft gewünschten Abbildungen abzog. Irgendeine Ordnung vermochte Seidel in diesem Freiluftarchiv auch nach längerem Aufenthalt im Hause Grotewohl nicht zu erkennen; wurde eine Platte mit dem Stadtplan Hannovers oder mit dem Abbilde des Landesvaters gebraucht, so lag sie partout immer ganz unten, und fluchend stapelte der zähe kleine Mann einen zwei Meter hohen Turm um. Solche Kenntnisse indes erwarb Seidel, wie gesagt, erst später. Zunächst bekam er das Gesinde und das Zimmer gezeigt.

Das Gesinde bestand aus zwei Personen, nämlich einer irgendwie verhuschten Frau Grotewohl, die den immerwährenden und erfolglosen Kampf gegen den Dreck und den Gestank der Lithographenwerkstatt mit längst resigniertem Pflichtgefühl zu führen versuchte, und dem Gehilfen des Meisters, einem brauenlosen, ausgeblichenen und wortkargen Mann unbestimmbaren Alters, der „Kaaal" mit drei a genannt wurde und also wohl „Karl" hieß. Außerdem war da noch eine Katze namens Muusche, die bei Seidels Ankunft reglos auf dem Treppenpfosten saß und durch ihn hindurchsah.

Das „Zimmer" war eine kleine Kammer unter dem Dach. Daß der Blick aus dem Gaubenfenster auf die immerhin ganz nette Silhouette der Altstadt fiel, war jetzt nicht auszumachen, denn es war ganz und gar dunkel geworden. Frau Grotewohl entzündete ein Licht und stellte es auf die Fensterbank. Die Kerze war noch etwa daumenlang und zeigte an, daß die Zeit zum Zubettgehen schon nahe bevorstand. Das Bett befand sich in einem Alkoven neben dem Eisenofen und war von gewaltigen Ausmaßen. Seidel fragte sich, wie man dieses Bett über diese Treppe und durch die Tür der Kammer und schließlich in den Alkoven hineingebracht hätte, und kam zu dem Schluß, daß es wohl an Ort und Stelle gebaut worden war. Es füllte den Alkoven vollständig aus. Dieses Bett beeindruckte ihn ebenso nachhaltig wie jenes Gedicht von Heinrich Heine. Er nahm es später in würdevoller Umzeichnung in seinen „Leberecht Hühnchen" auf und vergaß nicht zu erwähnen, daß man, „wenn man auf dem Bette sitzend seine Stiefel ausziehen wollte, zuvor die Tür öffnen mußte". Die Stube enthielt einen winzigen, vor das Fenster gerückten Tisch, einen Stuhl, ein Wandbrett mit Haken, eine Truhe mit Rädern und flachem Deckel, auf dem ein Waschgeschirr paradierte, einen riesenhaften Ohrensessel und eine

Art Kommode. An der Wand hing, mit Mehlkleister befestigt, eines der Erzeugnisse des Lithographen Grotewohl, darstellend die Schlacht von Abukir nach einem alten Stich. Um das Bild recht würdigen zu können, mußte man sich natürlich die Fliegendrecke wegdenken, die sich seit seiner Anklebung darauf angesammelt hatten.

Seidel dankte, packte seine Siebensachen aus, legte den Zirkelkasten auf den Tisch, sein Merkbüchlein daneben, stellte das Bildchen von Mutter Johanne auf und hängte seinen Überrock an die Haken des Wandbretts. Dann wickelte er die Reste seines Reiseproviants aus und versank, nachdem er sie im Schein der niederflackernden Kerze verzehrt hatte, im Federgebirge des Grotewohlschen Alkovens. Mutter Natur jedoch in ihrer Allweisheit und Hartnäckigkeit zwang ihn noch einmal aufzustehen. In Unterhosen und Überrock stieg er die steile Treppe hinab. Frau Grotewohl. die in der Küche bei der Lampe saß und Strümpfe stopfte, wies ihn wortlos auf die offenstehende Tür. Der ungewisse Schein der Lampe reichte gerade bis in jene Ecke des Höfchens, wo, zwischen zwei Druckplattenstapeln, das Herzhäuschen sich befand. Darin roch es zwar anders als sonst im Hause, aber keineswegs besser. Mit solchen Erfahrungen ausgestattet, begab sich der Maschinenbaustudent Heinrich Seidel aus Mecklenburg wieder unter sein hannöversches Federbett. Von Sankt Aegidien schlug es neunmal.

Freund Tischbein hatte es nicht viel besser getroffen, ja, eigentlich war er noch ein wenig übler dran, denn sein Logis befand sich im Hause seines Nennonkels, der richtig aus dem

Zweig der „Goethe-Tischbeins" stammte und sich darauf viel zugute hielt. Er gab Zeichenunterricht an zwei Gymnasien in Hannover und Privatstunden für „dilettierende Damen" der besseren Gesellschaft, wobei er, wie Hänschen behauptete, von Malerei überhaupt nichts verstand. Dieser Mensch nun, ein grobschlächtiger und pomadiger Kerl, den Hans mit „Herr Onkel" anreden mußte, hatte seinem mecklenburgischen Neffen die schäbigste Dachkammer seines eigentlich ganz geräumigen und mit allerlei Annehmlichkeiten ausgestatteten Hauses ange- wiesen. So war Hans, da er „umsonst" und auf Verwandtengnade wohnte, in einer merkwürdigen Abhängigkeit.

Das Technikum tröstete weder den einen noch den anderen. Von „Maschinenbau" war in der untersten Klasse nicht viel zu hören. Man vermittelte ziemlich abstrakte Geometrie, etwas Mechanik und allerhand altmodische Sachen wie „Mühlenbau" und „Fortifikation". Der tägliche Weg aus der Vorstadt ins Zentrum nahm statt der „kleinen halben Stunde" eine „gute ganze" in Anspruch und kostete Stiefelsohlen. Auch war er nicht geeignet, dieser seltsamen Stadt Sympathien einzutragen. Sei- del fand Hannover abscheulich, langweilig, ungeistig und, ver- glichen mit Schwerin, schlechthin öde, obwohl sie hier einen richtigen König hatten. Der hieß Georg V., war angeblich blind und wurde von den Bewohnern seiner Hauptstadt nie gesehen. Nein, mit dem Großherzog in Schwerin kam der nicht mit.

So richtige Studenten waren sie ja nicht, die Technikums- eleven. Eine Universität gab es nicht, und so mußte eben das studentische Leben von den Schülern der Tierarzneischule und des Technikums ausgeübt werden, Der olle Leibniz, der hier gewohnt hatte und dessen Wohnhaus, ein „ganz fabelhaftes Gemäuer", wie Hänschen Tischbein fand, jedem Neuankömmling als eine Art hannöversches Nationalheiligtum vorgeführt wurde, galt als die erste Autorität in geistigen Dingen. Die zweite Autorität war der Pfarrer Jobst Sackmann zu Limmer, einem Städtchen an der Leine, dessen Leichenreden und Sonntagspredigten großen Zulauf gehabt hatten, denn sie waren „fööchterlich unans-tändig", wie Frau Grotewohl meinte. Die hätten Seidel und Tischbein und Karl Hohn, der dritte im Bunde der mecklenburgischen Maschinenbaustudenten, gerne einmal gehört, aber wie der olle Leibniz, so war auch Hochehrwürden Sackmann zu Limmer schon lange verblichen. Was er angeblich seinen Leichenreden pathetisch angefügt hatte, war auch ihm längst nachgerufen worden: „Äwerst wo is he blewen? Mortuus est!"

Blieben also als studentische Zerstreuungen die Mädchen und die Kneipen. Und bei Seidel kam noch das Dichten hinzu. „Ich machte", so fand er im Nachhinein, „in Hannover eine Art Mauserungsprozeß durch." Jedenfalls verliebte er sich (sie hieß Hannchen), bedichtete sie und sah sich enttäuscht, weniger von ihrer mangelnden Gegenliebe als von der Tatsache, daß sie „zwar ein schönes Kind, aber ein rechtes Gänschen war". Er bemerkte diesen Umstand schmerzlich, als sie im Frühjahr 1861 den großen Kometen am Nachthimmel betrachteten. „Ich finde", sagte Seidel zu Hannchen, „daß der andere Komet vor drei Jahren doch viel größer war." „Den haben Sie auch gesehen?"

fragte Hannchen zurück. „Da waren Sie doch noch gar nicht in Hannover!"

Seidels dichterische Begabung war viel stärker gefragt, wenn es um das Herstellen von Bierzeitungen für die Studentenkneipe ging. Man hatte nämlich eine richtige schlagende und farbentragende Verbindung gegründet. Sie hieß „Obotritia" und trug Blau-gelb-rot. Ganz nach universitärem Vorbild wurden bei Kommersen Beleidigungen organisiert, die keinen anderen Zweck hatten, als die beteiligten Kontrahenten auf den Paukboden zu führen, wo sie sich unter Wahrung der entsprechenden Regeln mit dem Fechtsäbel Mensuren beibrachten. Diese Schmisse wurden dann von dem „Paukarzt" Dr. Klingenberg (der Mann hieß tatsächlich so!) versorgt. Dieser Klingenberg war ein gemäßigter Sadist, dem es diebische Freude machte, den Blessierten mit Alkohol die Wunde auszuwaschen und anschließend mit ganz feinen Stichen zu nähen. Es gehörte zum Ehrenkodex der „jungen Herren", bei dieser scheußlichen Prozedur nicht einen Mucks von sich zu geben. Als der Afrikaforscher Gustav Nachtigal viele Jahre später in Gegenwart Seidels von gewissen Initiationsritualen der Buschneger erzählte, winkte Seidel ab und sagte: „Das ist nichts gegen Hannover." Ihn, Seidel, erwischte es gleich bei seiner zweiten Mensur. Es wurde kunstgerecht „abgestochen", wie man das so unter Studenten mannhaft zu nennen pflegte – ein Ehrenwertes Mitglied der „Slesvico-Holsatia" namens Brüsehaber, Tierarzneistudent aus Kiel, hieb ihm die Lippe durch. Seidel erfuhr den Zusammenhang zwischen seiner Neigung zum Gänschen Hannchen und der

76

männlichen Natur aus Doktor Klingenbergs Mund. „Als Doktor Klingenberg dann beim Nähen an die durchgehauene Lippe kam, sagte er: ‚Nun komme ich an die Nerven, womit man die süßen Küsse fühlte, und wenn Sie nun in Ohnmacht fallen wollen, genieren Sie sich nicht!'" Ein anderer, er hieß Körting und wurde später Industrieller, fiel beim Erdulden der Künste des Dr. Klingenberg in ein kleines Koma, aus dem er erst nach drei Tagen wieder erwachte. Dennoch wurde er einer der reichsten Männer des Königreichs Hannover, und Seidel meinte, Körting habe bei der grandiosen Ohnmacht alle Gefühle der Mitmenschlichkeit eingebüßt.

Nun, den Seidelschen gefielen solche studentischen Eskapaden ihres Ältesten natürlich gar nicht. Und als Seidel zu Weihnachten heimkam, die Oberlippe noch schorfig und geschwollen, löste er mit seinem Aussehen und seiner langen Pfeife ein väterliches Donnerwetter aus, wie es nie zuvor niedergegangen war. Dem Vater lag auch zu allem Überfluß noch ein blauer Brief des Technikumsdirektors Sawade vor, worin einige weitere Missetaten der „Obotritia" aufgezeichnet und mitgeteilt waren nebst der sorgenvollen Frage, ob denn der Herr Pastor bestätigen könne, daß solche üblen Gebräuche wie das Reiten auf den städtischen Kühen, das Abdecken des Armenhauses, das Einreißen einer Bachbrücke, wie in Limmer geschehen, zu den Alltäglichkeiten mecklenburgischen Lebens gehörten?

Heinrich gelobte Besserung, führte den langweiligen Schulbetrieb als Rechtfertigung an und erreichte schließlich Absolution. Bei der vom Vater ungewohnt lautstark geführten

Auseinandersetzung bemerkte Seidel wieder und mit Sorge, daß der Vater kurzatmig geworden war, daß ihm im Zorn die Stirnadern schwollen, daß er sich schließlich schwer atmend in seinen Sessel fallen ließ, Am Tag nach Neujahr fuhr er, mit Ermahnungen und einem Schinken des Kneeser Onkels ausgestattet, mit den besten Vorsätzen zurück nach Hannover. Der Vater hustete.

Von der Krankheit des Pastors wußte Seidel wohl, aber er hatte sie nie für eine ernsthafte Angelegenheit gehalten. Er ahnte bei seiner Abreise nicht, daß das Husten des Vaters das letzte war, was er von ihm hörte. Heinrich Alexander Seidel starb, auch für seine Frau völlig überraschend, am 30. Januar 1861 an einem Blutsturz. Der Arzt, den man herbeigerufen hatte, konnte nicht mehr helfen. Die Rede war von Schwindsucht. Immer die Kälte und Feuchtigkeit in den Kirchen, immer die Predigten und Feldgottesdienste, die er als Garnisonsgeistlicher bei Manövern auf dem Dreesch vor den Toren Schwerins hatte abhalten müssen. Immer die Leichenbegängnisse bei schlechtem Wetter im kalten Frühjahr, wenn die alten Leute das Sterben kriegten. Pastorenkrankheit, diese Schwindsucht. Ja, in Perlin, da war's noch gegangen, da war er täglich an der frischen Luft bei seinen Fahrten zu den Pfarrkindern des Sprengels. Aber hier? Aus dem Dienstzimmer im Pfarrhaus bis zur Kirchentür waren es zwanzig Schritte …

Seidel erfuhr vom Tod seines Vaters durch das erste Telegramm, das er in seinem Leben erhielt. Er erschrak, als er in der Küche der Frau Grotewohl beim Frühstück war und der Postbote

78

eintrat, das gefaltete Papier in der Hand. „Vater gestorben. Komme gleich. Mutter". Er starrte auf das Papier und hörte den Vater husten. Ungerührt hockte Muusche auf dem Fensterbrett und sah durch ihn hindurch.

Mein Gott! Vadding-Pasting war doch noch keine Fünfzig! Das bißchen Husten ... Mutter Johanne war in Tränen aufgelöst. Da saß sie nun mit ihren Sechsen. Ihre Schwester aus Parum war gekommen und traf die nötigen Anweisungen. Onkel Wilhelm aus Kneese kümmerte sich um die amtlichen Sachen. Die Beerdigung wurde vom Kirchenrat ausgerichtet. Heinrich Alexander Seidel erhielt militärisches Geleit. Alle seine Amtsbrüder folgten im Talar. Der Trauerzug zum nahen Nikolaifriedhof war kurz an Weg und lang an Menschen. Seidel staunte: So populär war sein Vater gewesen? Der Großherzog schickte ein eigenhändiges Billett durch das Hofmarschallamt und seinen Hofmarschall höchstselbst zur Trauerfeier. Auch die Frau Großherzogin-Mutter Alexandrine nahm teil. Johanne brach unter der Doppellast von Trauer und Ehre zusammen. Ihre Söhne Heinrich und Werner stützten sie am Grab. Eisig pfiff der Westwind vom Ziegelsee herüber ins dürre Wintergesträuch des Friedhofs.

Als Seidel nach Hannover zurückkam, hatte der Direktor des Technikums eine dringende Vorladung gesandt. Natürlich hatte Seidel bei seiner überstürzten Abreise vergessen, ihm vom Tod des Vaters Mitteilung zu machen. So argwöhnte Sawade, der ziemlich phantasielose Verwalter der Bildungsanstalt, der Studiosus Seidel habe als Folge des blauen Briefes gar seine Ausbildung stillschweigend abgebrochen. „Mein Vater ist gestorben, Herr Doktor!" sagte Seidel. Da erschrak der Dr. Sawade sehr. „Neinnein, nicht wegen Ihres Briefes!" sagte Seidel. „Naja, ich meine nur, Sie haben ja auch die Gebühr für das Sommersemester noch nicht entrichtet …" Seidel zog die Börse und zählte zehn Taler auf den Tisch. Diese Krämerseele, dachte er.

In Schwerin tagte der Familienrat. Der strenge Onkel Adolf aus Parum war gegen, der gutmütige Onkel Wilhelm aus Kneese für die Fortsetzung des Studiums. „Studium! Ich höre immer: Studium! Narrenpossen! Fechtboden! Lange Pfeife! Blauer Brief! Ja! Studium!" höhnte Adolf Römer. Dem hatte Wilhelm Römer nichts entgegenzusetzen. Er sagte zwar etwas von „begabt" und „junger Mensch" und „Du warst ja auch kein Kind von Traurigkeit", aber das half nicht viel. Mutter Johanne schwieg. Sie konnte zwar auf das in der Kirchenverfassung Mecklenburgs übliche „Gnadenjahr" für Pfarrerswitwen rechnen, würde also Wohnung und Dienstbezüge für ein Jahr weiterhin beanspruchen dürfen. Wie es dann aber wohl weiterginge … Sie ließ ihre Brüder entscheiden. Adolf obsiegte, und über Heinrichs Studium in Hannover war das Urteil gesprochen. Wo nun das Semestergeld gezahlt war, sollte Heinrich noch bis zum Sommer in Hannover bleiben. Danach würde man sehen. Adolf Römer kannte da einen Maschinenbaubetrieb in Güstrow, der noch von dem berühmten Doktor Alban gegründet worden war und sich jetzt im Besitz eines Ingenieurs Kähler befand. Mit dem würde er reden. Wen kannte Adolf Römer eigentlich nicht.

Seidel fand sich mit diesem Urteil ab. Was sollte er wohl auch sonst tun. So gab er sich Mühe, die zehn Taler ordentlich abzustudieren. In der Vermessungslehre, der „Triangulation", die mit dem zweiten Semester einsetzte, gab er sich besondere Mühe. Manchmal dachte er an den Baurat Demmler in Schwerin, der damals auf Vaters Bitte hin die Koordinaten des Schelf-kirchenturms so präzise bestimmt hatte. Daß man mit logischem Denken und gesundem Menschenverstand nicht weniger Dinge bewerkstelligen konnte als mit Philosophie und poetischem Gefühl, ja daß eigentlich dieser „gesunde Menschenverstand", den seine beiden so unterschiedlichen Onkel mit Erfolg prakti-zierten und der den Baurat Demmler so zu überaus genauen Standortbestimmungen befähigte, der ganzen Philosophie und Poeterei an anschaulicher Nützlichkeit überlegen war, leuchtete Seidel ein. Und so beschloß er, die beiden Dinge künftig vonein-ander zu trennen. Die Poesie war das eine, die Triangulation das andere.

Adolf Römers Verhandlungen führten zum gewünschten Er-folg. Friedrich Kähler in Güstrow erklärte sich bereit, den abgebrochenen Gymnasiasten und aufgehörten Technik-Stu-denten Seidel unter seine Fittiche zu nehmen. Adolf und Wil-helm Römer waren gute Kunden. Beide besaßen die vom alten Alban erfundene und von Kähler verbesserte Breitsämaschine. Adolf hatte kürzlich erst eine kleine Dampflokomobile bestellt, um seine Pferde endlich vom elenden Göpelgehen zu befreien. Warum sollte nun nicht der Neffe dieser beiden wackeren Landmänner als „junger Mann" bei Kähler eintreten? Hinzu kam, daß Seidel erst kürzlich wegen einer „Brustschwäche" vom

Militärdienst befreit worden war und Herr Kähler nicht zu befürchten hatte, diesen neuen „jungen Mann" wie seinen Vorgänger ans Militär zu verlieren. Das mit der „Brustschwäche" indes gefiel Seidel gar nicht. Nicht, daß er irgendeine Neigung zu militärischer Laufbahn verspürt hätte – die hatte ihm unbewußt schon Vadding-Pasting ausgetrieben, wenn er vom Feldgottesdienst zurückkam und über die jungen Offiziere klagte: „Die können ja nicht mal allein beten!" Das war es nicht. Aber „Brustschwäche" – das mahnte an Vaters allzufrühen Tod. „Brustschwäche" klang wie „Schwindsucht", nur etwas milder. Allerdings hatte Walter Flemmings Vater, der Irrendoktor vom Sachsenberg, nie an „Schwindsucht" bei Pastor Seidel glauben wollen. Nun wollte er ja keineswegs den Herren von der Inneren Medizin in ihr Handwerk pfuschen, er war für die zerbeulten Seelen zuständig. Aber Schwindsucht war das nicht. Walter Flemming, der gerade sein Abitur abgelegt hatte und zum Medizinstudium in Rostock rüstete, als Pastor Seidel starb, teilte seines Vaters Meinung. „Was hast du? Brustschwäche? Wie dein Vater? Nee, Heinrich, ich glaube, dein Vater hatte was anderes." – „Was anderes? Was denn anderes?" – „Papa meint, es war …" – „Sag schon, Walter!" – „… Krebs, Heinrich."

Das Wort hatte jenen Schrecken noch lange nicht, den es später bekam. Jedenfalls war es keine Schwindsucht. Und wenn es keine Schwindsucht war, so konnte man die auch nicht erben. Und die „Brustschwäche" würde sich schon geben, so schwach fühlte Seidel sich nicht. Gewiß, für seine Länge war er etwas zu mager, aber das würde sich schon ändern, meinte Walter. Geh man erst nach Güstrow, Heinrich.

So kam es, daß Seidel Hannover verließ, noch einen Spätherbst und das Weihnachtsfest in Schwerin verbrachte und im Frühjahr 1862 mit seinen Siebensachen, das Zirkelkästchen und das Merkbuch eingeschlossen, nach Güstrow zog, um in die Kähler-vormals-Albansche Maschinenfabrik als Faktotum einzutreten. So recht war seine Stellung nicht zu beschreiben: ein Drittel Lehrling, ein Drittel Laufbursche, ein Drittel Techniker – kurzum: Junger Mann. In Güstrow.

*

Güstrow, die Vorderstadt des Wendischen Kreises, zählte in jenem Jahr 1862 fast genau 10 000 Seelen. Es war eine betriebsame Stadt mit berühmtem Wollmarkt, der jährlich stattfindenden, vom Großherzog persönlich präsidierten Landesstierschau, einem ziemlich gelobten Gymnasium, einem Landarbeitshaus, mehreren Fabriken, der Dom- und der Stadtkirche, einer prächtigen Synagoge, einer Freimaurerloge und zahlreichen bedeutenden Handwerkerinnungen, unter denen die Buchdrucker, die Zinngießer und die Lohgerber besondere Privilegien genossen. Es erschien eine Zeitung, es verkehrte die Eisenbahn. Schützenzünfte kürten ihren König, Weinhändler verdienten nicht schlecht, Gastwirte waren ausreichend vorhanden, und das ganze Gemeinwesen, für mecklenburgische Verhältnisse von nahezu großstädtischem Flair, genoß landweit den Ruhm, ein

„Klein-Paris" zu sein. Die Güstrower sonnten sich darin und fanden sich passabel.

Ziemlich genau ein Jahrhundert vor Seidel hatte ein englischer Globetrotter, Sir Thomas Nugent aus Aberdeen, das Land Mecklenburg bereist und natürlich auch Güstrow besucht. Wie konnte einer an Güstrow vorbei. Sir Thomas fand auch damals schon, daß die Stadt „sehr volkreich" sei, und führte das auf die große Zahl von Advokaten zurück, die hier am Hof- und Landgericht akkreditiert waren. Seidel, der Nugents Beschreibung – sie befand sich in englischer Sprache in Vaters Bibliothek – las, um auf Güstrow vorbereitet zu sein, war enttäuscht, als er ankam. So viele Advokaten waren es gar nicht. Zutreffend allerdings fand er Nugents Anmerkung über das „very strong beer", das vortreffliche Kniesenack. In einer Schenke in der Hollstraße fand er in der Gaststube einen weißen Strich auf den Boden gemalt. Wer nach drei Krügen Kniesenack noch gerade darauf entlanggehen konnte, ohne zu schwiemeln, durfte den Rest des Abends unentgeltlich weiterzechen. Das machte dem Wirt allerdings mehr Reklame als Gewinn, denn nach dem vierten Krug war man „fallduhn", nach dem fünften „rönnsteenduhn". Seidel probierte das nie.

Seine Unterkunft war nicht besser als in Hannover, versöhnte aber mit einer gewissen heimatlichen Stimmung und der ganz im Gegensatz zu Güstrows Ruf stehenden Verschlafenheit des Hauses. Es lag in der Steinstraße, trug ein Wirtshausschild über der Tür und war dennoch das ganze Jahr über leer. Höchstens zu den Woll- und Viehmärkten belebte sich der Schankraum, den sonst die Familie als Wohnzimmer nutzte. Eine der geweißten Gästekammern, unheizbar wie alle anderen Zimmer über dem Gastraum, diente Seidel für zwei Jahre zum Logis. Später, als auch sein hannoverscher Studienfreund Karl Hohn nach Güstrow kam, um sich dem praktischen Maschinenbau zu widmen, bezog er mit ihm zusammen ein größeres und schöneres Zimmer bei der Witwe Sprenger in der Plauer Straße.

Die Arbeit ging ihm von der Hand. Mit einem Tageslohn von fünfzig Pfennigen begann er, aber Magnus Buddig, der humpelnde, gichtbrüchige Werkmeister Friedrich Kählers, der eigentlich alles bestimmte und lenkte, was in der Fabrik zu tun war, gab ihm bald eine Zulage. Buddig war ein seltsamer, in sich verschlossener Mensch, der niemals lächelte und nur wenig sprach. So war es das höchste Lob, als er nach der gelungenen

Konstruktion einer Rolltoraufhängung dem „jungen Mann" zuknurrte: „Von Mandag an 'ne Mark den Dag!"

Nach und nach stieg Seidel nicht nur in der Gunst des Werkmeisters, sondern auch in der des Inhabers Friedrich Kähler, weil es ihm meist gelang, die vertracktesten Sachen auszuknobeln und die verklemmtesten Schrotmühlen oder Sackaufzüge zu richten. Buddig senkte zwar mitleidig die Mundwinkel, wenn Seidel bei kniffligen Aufgaben zuerst einmal eine Zeichnung machte. Für ihn galt die uralte Regel des Daumens. „'n beten Kried' up'n Amboß, dat is de beste Teiknung!"

Neben Seidel waren fünf, manchmal auch sechs Arbeiter und ein Schmiedemeister in der Fabrik beschäftigt. Eigentlich war diese „Fabrik" nur eine bessere große Werkstatt mit einer Halle und einer Schmiede. Sie lag mit der Rückfront am Nebelflüßchen, das man schon mehrfach zum Kanal auszubauen versucht hatte. Immerhin genügte das Flüßchen, um den Wasserbedarf der Fabrik zu decken, einen Torfprahm von Bützow her zu treideln und nach Feierabend und bei entsprechender Jahreszeit die verrußten Leiber des Personals zu spülen. Über solche Unternehmungen, an denen auch Seidel mit großem Vergnügen teilnahm, konnte Herr Buddig nur mißbilligend den Kopf schütteln, Um so mehr gewann der „junge Mann" die Achtung der Arbeiter, wenn er wie sie auch noch im Oktober in das schnellfließende, kalte Wasser stieg, um des Tages Staub und Schweiß abzuwaschen.

Danach schlenderte er die wenigen hundert Meter zu seinen „Gasthaus" und nahm zusammen mit dem Wirt, dem

Dackel, dem Kanarienvogel und der jugendlichen, aber nicht besonders ansehnlichen Tochter des Hauses das Abendbrot ein. Frau Loose kochte eine ganz passable Milchsuppe und braute ein trinkbares Hausbier. Die Butterstullen waren nicht zu verachten; sowohl das Brot als auch die Butterwaren hausgemacht. Herr Loose betrieb neben seinem gastlosen Gasthaus eine kleine gedeihliche Landwirtschaft, die er eben mit eigener Kraft und der Hilfe seiner plumpen Tochter bewerkstelligen konnte. „Äten, Slapen, Supen, sachtengahn un Pupen!" war sein Lebensmotto. Nach dem Abendessen wurde bei der Lampe oder sommers am offenen Fenster die Zeitung studiert. Herr Loose gewöhnte sich in seiner begnadeten Faulheit schnell daran, daß das Lesen von seinem Logierburschen besorgt wurde. Seidel las also aus der „Güstrower Zeitung" vor, auf die Herr Loose abonniert war und die schon in ihrem 50. Jahrgang erschien. Man erzähltesich in Güstrow, daß der Redakteur auch schon seit fünfzig Jahren derselbe sei, was, hätte es tatsächlich gestimmt, den einschläfernden Tonfall des Journals erklärt hätte. Diesen Effekt jedenfalls hatte die Vorlesung in den meisten Fällen. Herr Loose schlummerte ein und erwachte erst wieder, wenn Seidel ins „Vermischte" kam. Waches Interesse brachte er eigentlich nur den Anzeigen entgegen, auf deren Verlesung er großen Wert legte. Noch zufriedener war er, wenn Seidel in Ermangelung zündenden Vorlesestoffs „Mitteilungen aus dem reichen Schatze seiner Erfahrungen" machte. „Dann", so trug es Seidel ins Merkbüchlein ein, „erhebt er sich und geht an seinen Flaschenschrank und fragt mich mit herablassender

Freigebigkeit: ‚Na, Herr Seidel, will'n Se 'n lütten Rum drinken?', und neulich habe ich ihn so sehr erheitert, daß er mich ganz ernsthaft fragte, ob ich vielleicht ‚noch 'n lütten Rum drinken' wolle."

Das Merkbüchlein kam in den reichlichen Mußestunden immer mehr zu Ehren. Seidel gewöhnte sich an, seine poetischen Einfälle aufzuschreiben. Er behauptete später, seine Fähigkeit zum rhythmischen Ausdruck, zum Gedichteschreiben, habe er nachhaltig bei der in der Kählerschen Fabrik täglich anfallenden Arbeit des Schrauben- und Gewindeschneidens entdeckt. Nicht, daß er um seine Begabung schon vorher gewußt hätte – aber das Schraubenschneiden, bei dem eigentlich nur die Hände gebraucht wurden, während der Geist Ferien hatte, übertrug den Rhythmus seiner nötigen Handgriffe auf die Gedanken. Seidel beobachtete das auch bei einem der Fabrikarbeiter, bei Franz Kluth aus Schwaan, der das Werkzeug mit den Worten „Olle Klupp', olle Klupp', to Middag giwwt dat Tüftensupp!" um den eingespannten Bolzen riß. Der Schmied, der einen kleinen Dampfhammer benutzte, um Pflugscharen und Stubbenkeile auszuschmieden, kommandierte den zischenden Kollegen mit einem anderen rhythmischen Gesang: „Kohl un Quaak, dat makt staak", skandierte er, und jedesmal bei „Quaak" und „staak" riß er am Griff des Dampfventils, und der Hammer krachte auf das rotwarme Eisen. So kam Seidel darauf, ein schwieriges Doppelgewinde, bei dem er die Kluppe immer schon nach einer halben Drehung zurückführen mußte, um neu nachzufassen, mit einem Gedicht zu unterlegen, das er dann viele Jahre später als ein Beispiel solchen Zusammenspiels von Poesie und Arbeit in seine Gedichtsammlung „Glockenspiel" aufnahm.

Es hieß „Weiße Rose" und war wohl von einer jungen Dame namens Luise inspiriert, mit der er sich gelegentlich nach dem Neun-Uhr-Schlag der damals in Güstrow noch üblichen „Diebsglocke" in der Gartenlaube des Nebenhauses traf, um noch ein Stündchen zu plaudern. Luischen war ein schönes Kind. Ihr sanftmütiger Herr Papa, ein Postsekretär namens Carl Paeglow, sah ihr in seiner väterlichen Verliebtheit – er hatte nur dies eine Mädchen, bei dessen Geburt seine Frau gestorben war – manches nach. Den sommerabendlichen Laubengang des Töchterleins indes überwachte er dennoch. Mit Taktgefühl betrat er, sich heftig räuspernd, zwei Viertelstunden nach dem Verstummen der Diebsglocke seinen Garten, näherte sich der Laube und sprach, indem er seine Zigarrentasche zog: „Haben Sie wohl ein Schwefelhölzchen, Herr Seidel?" Seidel hatte und durfte sich eine Zigarre nehmen, während Luischen züchtig entschwand. Paeglow mochte den jungen Herrn Seidel wohl leiden und wußte auch, daß es sich um den Sohn des im vergangenen Jahr verstorbenen hochehrwürdigen Garnisonspredigers des Großherzogs handelte, aber – man weiß ja nie. So kam Seidel doch immerhin in den Genuß einer kleinen Zigarre und durfte mit dem Herrn Postsekretär noch ein paar Worte über die Dilemmata des Daseins wechseln.

Beim Schraubenschneiden, mit ahnungsvollen Hintergedanken, dichtete er:

Weiße Rose, weiße Rose,
dunkel
drohet der Sturm.
Im Herzen heimlich,
heimlich,
naget der Wurm.

Der Wurm war ein bremischer Zigarrenfabrikant, der ihm die
weiße Rose bald entführte. Zurückblieb der einsame Postsekretär Carl Paeglow, den es auch nicht trösten konnte, daß er
im nächsten Jahre zum Oberpostsekretär befördert wurde. So
rauchten der Schraubendichter und der Postbeamte noch die
eine oder andere Zigarre in der Rosenlaube und hörten die
Diebsglocke mit Wehmut schlagen.

Aber dann kam Karl Hohn. Der besah sich das geweißte
Kämmerchen bei Frau Loose, schüttelte den Kopf und warb den
Freund ab ins Logis der Frau Sprenger. Zwar mußte Seidel nun
morgens statt bisher drei nunmehr zwanzig Minuten quer durch
Güstrow zur Arbeit gehen, aber dafür kam doch mehr Leben in
sein Dasein. Bei Frau Sprenger wohnten allerhand junge Leute,
zeitweise auch reisende Weinhändler, Hühneraugenoperateure
und Photographen. Das Zimmer, das er mit Karl Hohn teilte, lag
nach dem Garten hinaus und hatte sogar eine kleine, hölzerne
Veranda, die auf einen hinten angebauten Holzschuppen gesetzt
war und den Vorteil bot, daß man mit zwei, drei Armschwüngen
ins Zimmer klettern konnte, ohne durch das Haus gehen zu
müssen. So entzog sich Kommen und Gehen der jungen Männer

häufig der Aufmerksamkeit der Frau Wirtin. Karl Hohn war ökonomisch noch schlechter gestellt als Seidel, der ja immerhin bei Kähler schon auf 3 Taler die Woche kam und zwei dazu von Mutter Johanne, und, als deren Gnadenjahr abgelaufen war, von Onkel Wilhelm aus Kneese. Das waren fünf Taler. Einen davon bekam Frau Sprenger für die Zimmerhälfte, dazu zwei Silbergroschen Wäschegeld im Monat. Blieben bei sparsamen Wirtschaften noch immerhin drei Taler in der Woche „fürs Leben". Hohn dagegen war ganz auf sich gestellt. Bei Müller, der anderen, größeren der beiden Güstrower Maschinenfabriken, hatte er zwar schon vier Taler und stand in guter Hoffnung, es wegen ausgewiesener Tüchtigkeit nächstens auf fünf oder gar sechs zu bringen, da er jedoch keine Familie hatte, die ihn mit gelegentlichen Freßpaketen erfreute und auch keinen gutsbesitzenden Onkel, der dem Neffen mit einer Speckseite oder einem Hinterschinken weiterhalf, wenn er zu Viehkäufen nach Güstrow kam, so war bei ihm zwar nicht Schmalhans der Küchenmeister, aber der Beutel hieß Streckdich. Dennoch war Karl Hohn ein Lebenskünstler, dessen Verfahren zur Verlängerung eines Talers, zur Verdünnung einer Flasche Rum und zur restlosen Ausnützung von Stiefelsohlen beachtliche Verfeinerung erlangt hatten. Auf ihn traf jene schöne Volksweisheit zu, die Heinrich damals seinem Lehrer Latendorf zugetragen hatte: „'ne Luus in'n Kohl is beter as gor keen Fleesch!" Seidels Merkbuch füllte sich auch mit solchen Beobachtungen – die Genügsamkeit, die feste Absicht, sich niemals aus Grunden eines Mangels die Laune verderben zu lassen, und die fröhliche Entgegennahme auch der geringsten Gaben, das waren die Bastionen, die Karl Hohn dem Leben entgegenzusetzen hatte. So kam es, daß Seidel seinen „Leberecht Hühnchen" schon bildhaft in sich trug, ehe er überhaupt daran dachte, ihn zu schreiben.

Zunächst schrieb er anderes, nämlich einen Brief an die Onkel mit der Frage, ob er mit ihrer Zustimmung würde rechnen können, wenn er seinen Arbeitsplatz bei Kähler gegen einen besser bezahlten bei Müller vertauschen würde. Dort nämlich, so erzählte Karl Hohn, der bei seinem Chef in gutem Ansehen stand, gab es seit kurzen ein richtiges technisches Zeichenbüro, dort war es nichts mehr „mit Kried' up' Amboß", und die hereinkommenden Aufträge veranlaßten den inzwischen zum Kommerzienrat ernannten Ingenieur Müller, nach einem zweiten Zeichner auszuschauen. Die Onkel gestatteten den Wechsel wie zu erwarten: Onkel Wilhelm mit den Worten „Wenn Du es dort besser haben kannst …" und Onkel Adolf kommentarlos, aber mit der Ankündigung, seinen Zuschuß zu streichen, sobald der Neffe mehr als 30 Taler im Monat verdienen würde.

Nun, so geschah es: Friedrich Kähler knurrte, Magnus Buddig grinste zum allerersten Mal, und Kommerzienrat Müller führte seinen neuen Zeichner in das helle Büro. „Er soll erstmal die Träger machen für das Denkmal!" sagte er zu Kluge, einem grauhaarigen, lehrerhaft wirkenden Zeichner, der sich nunmehr „erster Zeichner" nennen durfte, was ihn allerdings überhaupt nicht in gehobene Stimmung versetzte.

Die Träger für das Denkmal …

Im Jahr 1863 war nämlich auf der Schloßfreiheit mit großem

Gepränge und in Anwesenheit des Großherzogs der Grundstein
für ein Denkmal an die Befreiungskriege von 1813 bis 1815
gelegt worden. Ein Riesenfest hatte stattgefunden. Die Stadt war
bis in die letzte Gasse hinein geschmückt. Frisches Birkengrün
vor jedem Fenster, Girlanden überall, die Farben Mecklenburgs
im Wind. Am 27. März hatte dann Serenissimus höchstselbst
dreimal mit dem Hammer auf den Grundstein geklopft. Alle
Veteranen des großen Krieges trugen ihre alten Uniformen,
schulfrei gab's und Freibier und Böllerschüsse. Güstrow war
wieder einmal ganz und gar Güstrow: nicht nur der geographische, sondern überhaupt der Mittelpunkt Mecklenburgs. Das
Denkmal selbst war als Modell im Dom aufgebaut. Die Entwürfe
stammten von Hofbaurat Hermann Willebrand: eine 13,38 Meter hohe Säule erhob sich über einem prächtig gegliederten
Sockel mit Bild- und Inschrifttafeln, für die ein Berliner Bild-
hauer die Zeichnungen geliefert hatte. Das Ganze sollte dann in
Eisen gegossen werden, und zwar in Lauchhammer in der Lau-
sitz, wo man gern den fürstlichen Kunstbedarf in Erz gießen ließ.
Das Werk würde etwa zwei Jahre bis zu seiner Fertigstellung
benötigen. Dann sollte es in 265 Einzelteilen nach Güstrow
gebracht, dort an Ort und Stelle zusammengefügt und schließlich aufgerichtet werden. Für dieses Aufrichten nun brauchte
es einen Galgen, einen Kran, ein Hebezeug jedenfalls, das
extra für diesen Zweck entworfen und angefertigt werden mußte, denn wann gab es schon einmal ein 19 Tonnen schweres
Eisendenkmal aufzurichten. Diesen Kran nun, diese „Träger",
die sollte der Kommerzienrat Müller liefern, pünktlich und

funktionstüchtig, damit am 12. Juli 1865 die Einweihung geschehen konnte, für die die Veteranen bereits schon wieder die Medaillen putzten und die städtischen Böllerkanonen auf Hochglanz polierten.

„Haben Sie so was schon mal gezeichnet?" fragte der Oberzeichner seinen neuen Unterzeichner, und der schüttelte den Kopf. Der Oberingenieur streckte sein langes Gesicht aus der Tür seines kleinen Sonderkabinetts. „Haben Se überhaupt schon mal wat Richtijes jezeichnet?" Seidel murmelte was von Technikum, „Also nur Tinnef!" sagte der Oberingenieur. Er sagte es ohne Spott und ohne Schärfe, aber mit einem Unterton in der Stimme, der des Praktikers abgrundtiefe Verachtung für Schulen ausdrückte, die „Technikum" hießen. Er selbst hatte auf der Berliner Gewerbeakademie studiert und verband Erfindungsgabe mit Mutterwitz und Menschenkenntnis. „Also, paß ma uff!" sagte er und fiel ohne Übergang ins Du. Er nahm die Kreide, stellte sich neben Seidel vor die schwarze Skizzentafel und hieb seine Vorstellung von dem Hebezeug für „det Ding", wie er das Denkmal nannte, mit ein paar Strichen hin. „So und denn so, und hier setz' ma 'ne Traverse und da noch eene!" Seidel staunte. „Det Ding wiegt neunzehn Tonnen. Also rechneste dir aus, wat da an Last runterkommt, wenn det da dranne hängt. Und denn die Last von det Kettenzeugs und so. Mach ma!"

Seidel machte. Er saß den ganzen Tag über sein Brett gekrümmt. Er rechnete wie der Teufel. Er pfiff vor Vergnügen, wenn seine Berechnung aufging. Er zeichnete es ins Reine. Kurz vor Feierabend kam der Oberingenieur aus seiner Bude und guckte ihm über die Schulter. „Jar nich so unübel", sagte er. „Jar nich so dumm, der Junge. Schmeiß et weg, und morgen machste det noch mal, aber mit dreißig vom Hundert Sicherheit! Nahmd!"

Feierabend. Seidel schlenderte durch die Lange Straße und unter dem Schloß vorbei seinem Logis zu. In dem alten Eichenhain zwischen der Straße und dem Schloßgraben brummte es dumpf und poltrig an seiner Nase vorbei. Schwupp! hatte er ihn in der Faust, den träge sich ein wenig wehrenden, strampelnden Nashornkäfer, Oryctis nasicornis. Er hielt die Faust ans Ohr, hörte dem Gebrumm und dem Wöltern des kräftigen Tierchens zu, drehte sich auf dem Absatz um und beschloß, auf ein Bier in den Russischen Hof zu gehen, der sich vornehm „Hôtel de Russie" nannte und am Pferdemarkt lag. Dieses Haus besaß eine Bierstube neben dem eigentlichen Gastraum, wo man statt des bärigen Kniesenack leichtes bayerisches Bier bekam, gerade das richtige Getränk für den stillen, lauwarmen Juniabend.

In der Bierstube saß John Brinckman. Er saß allein an dem runden Tisch in der Ecke. Als Seidel hereintrat und grüßte, sah Brinckman auf. Seine weiße Manschette schob sich aus dem Ärmel, seine munteren Augen, die einen merkwürdigen Gegensatz machten zu dem griesen Schnauzbart, leuchteten aus dem Halbdämmer der Stammtischecke, seine schmalgliedrige feine Hand öffnete sich einladend und wies auf einen der Stühle. „Nehmen Sie Platz, Herr Kollege!"

Seidel erschrak und zögerte. Kollege? Und wieso lud

Brinckman, der dichtende Lehrer, ihn ein? „Sie sind doch der junge Herr Seidel? Na, setzen Sie sich schon hin!"

Brinckman sprach einen norddeutschen, aber irgendwie auch vornehmen Ton. Seidel nahm Platz in seiner immer noch anhaltenden Verwunderung und setzte den Nashornkäfer auf den Tisch, der, seines warmen Gefängnisses ledig, noch etwas unentschlossen auf der Tischplatte herumstolzierte. Brinckman faßte ihn ins Auge, betrachtete ihn sorgfältig und wohlgefällig eine Weile und hob dann den Kopf. Er nickte, sah Seidel an und sagte, mit einer kleinen Kopfbewegung auf den Käfer deutend: „Ein nobles Tier!" Der so gelobte Käfer hatte unterdessen den Rand des Tisches erreicht, pumpte sich wie ein Maikäfer auf und brummte zielsicher auf das offenstehende Fenster der dämmerigen Bierstube zu und in den Sommerabend davon.

„Oryctes …" sagte Seidel. „… nasicornis!" ergänzte Brinckman. „Sie haben da ein hübsches Märchen geschrieben!" Seidel durchfuhr ein merkwürdiger Schrecken. War er nicht noch gestern in der Opitzschen Buchhandlung gewesen, wo die Hamburger „Jahreszeiten" für den Lesezirkel gehalten wurden, und hatte nachgesehen? Hatte er's überblättert? Er hatte ja ohnehin nicht geglaubt, daß sie es drucken würden. Karl Hohn aber, dem er es vorgelesen hatte aus dem kleinen Merkbuch, das nun bis auf den letzten Rand vollgedichtet war, hatte es mit seiner fabelhaften runden Technikerhandschrift auf Ia Mühlegger Postpapier abgeschrieben. „Das schickst du ein, Heinrich! Das drucken die! Die zahlen dir bestimmt ordentlich ein paar Taler!" Und nun saß John Brinckman hier im „Hôtel de Russie", lobte seinen Käfer und teilte nebenbei mit, daß die „Jahreszeiten" tatsächlich sein „Sommermärchen" gedruckt hatten. „Wirklich, Herr Seidel, sehr schön für den Anfang! Und der Käfer kommt ja auch darin vor! Und verliebt gewesen sind Sie wohl auch, als Sie es schrieben, wie?" Heinrich wurde rot, jedenfalls kam er sich so vor. Er dachte an Luise, die er an den Zigarrenfabrikanten verloren hatte. „Ist es wirklich gut?" fragte er. Schließlich war Brinckman die literarische Autorität in Güstrow. Heinrich hätte nie gewagt, ihn etwa aufzusuchen oder anzusprechen, Er empfand Respekt vor dem hageren, abgearbeiteten Mann, der auf der anderen Seite des Stadtgrabens wohnte und seine große Familie mit Mühe ernährte. Bei der Grundsteinlegung für „det Ding" hatte er eine vielbeachtete, würdige und ernste Rede gehalten. Sein „Vagel Grip", eine Sammlung plattdeutscher Gedichte, die 1859 in der Opitzschen Verlagsbuchhandlung erschienen waren, galt ja schon fast als Klassiker, in Mecklenburg. Wie der die spröde niederdeutsche Sprache beherrschte und in Verse zwang! „Ist es wirklich gut?"

Brinckman schwieg ein Weilchen. Dann sagte er: „Naja. Für den Anfang ist es was. 'n bißchen zuviele Insekten drin. Und 'n bißchen zuviel Schwärmerei. Naja. Das gibt sich noch. Sie sind ja noch jung, Herr Seidel. Machen Sie denn auch Gedichte?"

Seidel zögerte mit der Antwort, dachte ans Schraubenschneiden bei Kähler und nickte schließlich. „Nehmen Sie das Leben auch mit hinein, mein Freund. Sehn Sie mal, der Traum, das ist ja schön und lieblich. Aber das Leben bei Tage, nicht wahr, das ist auch interessant. Haben Sie was im Kopf? Sagen Sie mal auf!"

So viel Glück an einem Tag kann man ja wohl nicht haben, dachte Seidel. Erst lobte ihn der Berliner, dann fing er einen Nashornkäfer, dann traf er den Brinckman, der lobte ihn auch, und nun sollte er auch noch was Gedichtetes aufsagen. Er entschloß sich zu einem Vierzeiler, der war kurz genug, daß er sich nicht vielleicht noch verhaspelte. „Na, los!" ermunterte Brinckman, und Seidel, mit einem plötzlichen Gefühl zwischen Stolz, Freiheit und Rausch, obwohl er noch keinen Tropfen Bayerisches getrunken hatte, holte einen seiner Sprüche aus dem Gedächtnis hervor, die er sonst eher für wenig geistvoll gehalten hatte. Jedenfalls kamen weder Insekten noch Elfen darin vor wie in seinem Märchen, aber immerhin zwei Ochsen.

„Zwei Ochsen ziehn den steilen Berg hinauf
mit großer Müh' und mächtigem Geschnauf
den eignen Mist. Der eine brummt und spricht:
Da haben wir was Schönes angericht't!"

Brinckman guckte ein wenig ungläubig. Dann lachte er aus vollem Halse, was den Schankkellner endlich aus den Tiefen des Etablissements hervorlockte, und hieb die flache Hand auf den Tisch. „Exzellent, Seidel! Sehn Sie!" Er warf den Nickel für das längst geleerte Glas auf den Tisch und erhob sich. „Sie haben Talent, Herr Seidel! Wirklich! Talent!" Die Repetieruhr in seiner Tasche pingelte. „Ich muß. Englisch noch, für zwei Ochsen von Bülow." Und nickte vertraut und ging hinaus.

Der Schankkellner sammelte das Kleingeld vom Tisch. „Was

wünschen der Herr Ingenieur?" fragte der Schankkellner. „Ein Bayerisches, Herr Hoteldirektor!" sagte Seidel. Sie grinsten sich an.

Den Heimweg nahm Seidel durch die Domstraße. Hinter dem kleinen Schaufenster der Opitzschen Buchhandlung war noch Licht. Opitz jr., der seiner Mutter nach dem Tode des Alten das Geschäft führte, hockte über dem Kassenbuch,. Seidel spürte die Kühnheit des Erfolgs und klopfte an die Scheibe. Opitz junior, nicht älter als sein abendlicher Kunde, öffnete einen Spalt. „So spät noch, Herr Seidel?" – „Ach, bitte, Herr Opitz, wo Sie doch ohnehin noch im Laden sind … Darf ich die ‚Jahreszeiten' noch einmal …" – „Natürlich, Herr Seidel! Und herzlichen Glückwunsch!" Er hielt ihm die aufgeschlagene Zeitung hin. „Ein Sommermärchen" stand da in dicker Fraktur, und klein darunter: „Von Heinrich Seidel". „Ich schenk's Ihnen, Herr Seidel!" sagte Opitz jr. und zog die Ladentür wieder zu.

Heinrich Seidel stand in der menschenleeren Güstrower Domstraße. Die Diebsglocke schlug. Er ging nach Hause. Karl Hohn war nicht da. Er ging zu Bett und träumte. „Na, bitte!" sagte der Berliner in seinem Traum. „Sehn sie!" sagte Brinckman in seinem Traum. Und sein Vater stand auf einer Brücke am Meer und hielt in der Linken den Zirkel und in der Rechten die Feder und sah ihn fragend an.

Der Traum ist seither nicht wiedergekehrt.

III

Die Kunst, kunstvoll das Maul halten

(1866–1874)

„Willste in diese Dorfschmiede versauern?" fragte der Oberingenieur seinen Zeichner Seidel, als die Hebekonstruktion für das Denkmal vortrefflich gelungen war. „Dat bisken Technikum in Hannover … Nach Berlin mußte, an die Jewerbeakademie. Oder willste dir nu janz uff dat Dichten legen?"

Natürlich hatte Karl Hohn das Heft der „Jahreszeiten" mit Seidels Märchen in der Fabrik und anderswo herumgezeigt. Aber dem Oberingenieur war damit nicht zu imponieren. „Dichten kannste immer noch. Erst mußte mal wat Richtiget lernen!" Studieren? In Berlin? An der Königlichen Gewerbeakademie? Und wer sollte das bezahlen? Naja, für ein Jahr würde das Zurückgelegte reichen, aber dann? Und zwei Jahre waren das mindeste an Zeit, das aufzuwenden war. Von einigen Dingen seines Berufs verstand Seidel ja eigentlich noch gar nichts: Statik zum Beispiel. Und von Kraftübertragungen wußte er wenig. Pleuel, Planetengetriebe, Berechnung von Transmissionen. Alles Bisherige war improvisiert, mit einer Mischung aus natürlichem Geschick und handwerklicher Erfahrung gemacht. Sein bißchen Zeichnen war Stückwerk. Aber der Oberingenieur wußte schon, was und wem er riet. Er war ein durch und durch praktischer Mensch, dem jede Art von Etikette und Schmeichelei fremd war. Der sah schon richtig, was in dem jungen Herrn Seidel steckte. Er hätte ihm auch das Gegenteil gesagt ohne jeden Schmus, so wie er es öfter im Zeichenbüro tat, wenn er die Undurchführbarkeit einer Konstruktion, die Fehlerhaftigkeit eines Entwurfs mit einem Blick erkannte. „Wegschmeißen, Seidel!" Und wenn nun eben dieser Mann zum Studieren riet, dann riet er aus gleicher Sicherheit.

Die Mutter blickte kummervoll, als er beim Sonntagsbesuch in Schwerin vom Studieren sprach. Sie war aus dem Pfarrhaus in eine kleinere Wohnung in der Amtsstraße umgezogen. Die geringe Pension, die sie auf Vadding-Pasting nach Ablauf des „Gnadenjahrs" bekam, reichte mit Mühe für die Familie. Zwar war Werner als bisher einziges ihrer Kinder selbständig und verdiente sein Geld schon als Steuermann zur See. Aber die beiden Mädchen waren im heiratsfähigen Alter und mußten ausgesteuert werden, und die beiden „Buttjer" Hermann und Paul waren zehn und sieben Jahre alt und fragten nicht, woher Mutter das Geld fur ihre Stiefel nahm. Gewiß, sowohl der steifnackige Onkel Adolf und der freigebige Onkel Wilhelm schossen zu. Aber nun wollte Heinrich doch noch richtig studieren? Mutter Johanne seufzte; der Familienrat wurde einberufen. Onkel Adolf, der den praktischen Sinn seines seemännischen Neffen schätzte und nun auch bei Heinrich endlich das nützliche Streben zu erkennen glaubte, fügte sich widerstrebend; Onkel Wilhelm in seiner Großzügigkeit legte das Seine hinzu. Adolf sagte: „Aber das Dichten laß sein, mein Sohn!" Wilhelm sagte: „Vergiß mir aber nicht das Dichten!" Seidel fuhr nach Berlin und schrieb sich zum Studium des Maschinenbaus an der Königlichen Gewerbeakademie ein.

Berlin machte ihn zunächst einmal ratlos. Die Stadt dampfte warm im Fieber des gerade errungenen Sieges über Österreich bei Königgrätz. Überall standen noch die Paradekanonen herum und das Militär beherrschte das Straßenbild. Preußens Gloria feierte Triumphe. Der Norddeutsche Bund war frisch gegründet. Berlin, das Seidel bei seiner Ankunft noch wie eine riesige Ansammlung von Dörfern empfand, schickte sich an, belächelt zwar und von seiner eigenen Skepsis „uff die Schippe jenommen", eine richtige Groß-, ja, eine Weltstadt zu werden. Ein Mensch, der Johannes Trojan hieß, machte über diese merkwürdige Menschenansiedlung namens Berlin seine treffenden Witze im „Kladderadatsch". Diese Zeitung hatte Seidel bei Opitz jr. in der Güstrower Domstraße gelegentlich durchgeblättert, hatte jedoch an der besonderen Art von Witz, die sie verbreitete, keinen Geschmack finden können. Dazu mußte man wohl Berliner sein, und er fand seinen Eindruck bestätigt, als er den „Kladderadatsch" in Berlin bei seiner Zimmerwirtin wiedertraf und gleich beim Aufschlagen an den Artikel geriet, den jener Herr Trojan mit der Überschrift „Wie ich Berliner geworden bin" versehen hatte. Das interessierte Seidel. Er las: „Seit dem 10. November 1866 bin ich in Berliner geworden. Ich habe es aber gar nicht bemerkt. Ich brauche kein Bürgergeld zu zahlen und keinen Bürgereid abzulegen, und niemand verlangt von mir, daß ich mich dem hochwohllöblichen Magistrat vorstelle. Keine Behörde kümmert sich um mich, mit Ausnahme der Steuerbehörde, die einen gutgekleideten freundlichen Herrn von gefälligen Manieren zu mir geschickt hat. Er hat mir einen Zettel ausgehändigt, wonach ich einen überaus mäßigen Betrag in vierteljährlichen Raten zur Deckung der Kosten der Gemeindeverwaltung beizutragen habe. Wenn es mir bisher peinlich war, das Berliner Straßenpflaster zu benutzen oder dem öffentlich besoldeten Nachtwächter zu begegnen, so bin ich nun beruhigt, daß ich nach Maßgabe meiner Kräfte zur Erhaltung dieser segensreichen Anstalten beitragen darf. Ich habe bisher in der Dorotheenstraße gewohnt, wo es so still war, daß am Vormittag die großen alten Ratten mit ihren Kindern auf dem Straßendamm spazieren gingen. Es ist ein Vergnügen, in Berlin aus dem Fenster zu sehen, als ein berechtigtes Glied dem Ganzen anzugehören und seine Steuern zu bezahlen."

Seidel staunte. Solcher Ton gefiel ihm. Diese Berliner, von denen die allerwenigsten gebürtige Hiesige waren, weil die Stadt in rasender Schnelle wuchs und Menschen aus allen Richtungen und Gegenden ansog, waren eine interessante, vollkommen respektlose und zugleich mit ihrer Umgebung verkittete Gesellschaft. Sie kamen, schlugen ihren Pfahl ein, hängten ihren Hut daran und waren Berliner.

Seidel ahnte ja nicht, daß dieser Johannes Trojan aus Danzig demnächst sein Freund werden würde. Zunächst war an solche Bekanntschaften auch nicht zu denken. Das Zimmer, das er für den Anfang in der Invalidenstraße mietete, lag drei Treppen hoch in der geräumigen Wohnung des Ehepaars Kröger. Er, Herr Kröger, war fast niemals sichtbar; er war Hausdiener in der Anatomie der Charité, wo er die Leichen der Verstorbenen aus den Krankensälen zu holen und im Eiskeller frischzuhalten hatte, damit die klugen Herren Professoren in den toten Leibern nach dem Stein der Weisen Ausschau halten konnten. Frau Kröger führte eine Studentenpension und hielt auf Ordnung. Beide stammten aus Mecklenburg; Herr Kröger war bis vor zehn Jahren Oberpfleger auf dem Sachsenberg bei Schwerin gewesen. Durch die Vermittlung von Doktor Flemming hatte Seidel die Adresse und das Zimmer bekommen, denn „Mecklenburger nehmen wir am liebsten", wie Frau Kröger mit breitmäuligem „Wismersch" bemerkte.

Die „Bude" bei Krögers in der Invalidenstraße war zwar winzig klein, aber blitzsauber. Von Krögers Küche aus, wo sich das ganze Leben abspielte, ging ein dickes Ofenrohr durch das Zimmerchen und „heizte" es „mit". Das Fenster ging nach Norden. Man blickte über eine niedrige Mauer hinweg auf einen Friedhof, der an die andere Straßenseite angrenzte und auf ein hinter den Bäumen des Totenackers sichtbares rotes Dach, das zu einem weitläufigen Gebäude gehörte. Das war das Lazarus-Kranken- und Diakonissenhaus mit hundert Betten für hoffnungslose und unheilbare Kranke, „namentlich aus dem Arbeitsstande", wie Herr Kröger bemerkte, der auch von dort gelegentlich „interessante Leichen" abzuholen hatte.

Außer Seidel bewohnten zwei ebenfalls aus Mecklenburg stammende Medizinstudenten das Krögersche Logis. Einer hieß Fritz Bothe und kam aus Ludwigslust. Sein Vater war im letzten Jahr von einer Giftmischerin ermordet worden; der Fall hatte natürlich auch im Güstrowschen Wochenblatt gestanden, so daß Seidel die Geschichte kannte. Der andere, Helmuth Paaschen, kam aus Parchim. „Warum heißt du Helmuth?" fragte Seidel den „Pütter". – „Na, nach dem Feldmarschall!" Seidel mußte lachen und gab ihm die Hand. „Denn sind wir ja gewissermaßen verwandt!" – „Wie denn das?" – „Also, paß auf! Mein Vater war Pastor in Schwerin. Und sein Vater war Arzt in Goldberg. Und sein Vater war Pastor in Pütt. Und de hett dinen Marschall döfft!" Der „Pütter" guckte wie ein Huhn, wenn es donnert. Dann einigten sie sich darauf, daß Mecklenburg doch ein großes, bedeutendes Land sei – wohin man auch komme, und wäre es in die Invalidenstraße zu Berlin: ein Mecklenburger sei immer schon da. „Ja", pflichtete Frau Kröger „up Wismersch" bei: „Dat is as bi den Hasen un den Swinägel!"

Dieses kleine Erlebnis erheiterte und tröstete Seidel – daß mitten in dieser unübersichtlichen, augenscheinlich völlig verrückten Stadt ein paar Menschen miteinander das heimatliche Plattdeutsch sprachen, schien fast ein Wunder zu sein.

Die Ausstattung seines Zimmers entsprach genau dem, was sein ihm noch unbekannter Freund Trojan in einer weiteren Nummer des „Kladderadatsch" über die Beschaffenheit studentischer Wohnstätten in Berlin geschildert hatte: „Die Wohnung heißt ‚Bude'. Ein paar Bücher, ein Stiefelknecht und ein Tintenfaß sind meist alles, was der Student dieser Wohnung hinzufügt. Der Hausrat ist ihm unsympathisch, mit dem Sopha kann er sich nicht anfreunden, dem Tisch sind keine guten Seiten abzugewinnen, Schrank und Kommode betrachtet er ohne Teilnahme und geht lieblos mit ihnen um. Den Bildern an den Wänden steht er fremd und zu abfälliger Kritik geneigt gegenüber, kurz – mit der ganzen Bude verbindet ihn kein Gefühl der Anhänglichkeit." Sachlich gesehen, stimmte das, nur daß die Anhänglichkeit inmitten all der unpersönlichen und unvertrauten Dinge durch die plattdeutsche Sprache dennoch plötzlich da war und daß das mit den Bildern in diesem Falle auch nicht zutraf, denn bei Heinrich Seidel überm Bett hing eine Lithographie von August Achilles, darstellend den „Blauen Montag in dem Püsserkruge zu Schwerin", und neben der Tür war der geliebteste aller mecklenburgischen Fürsten aufgehängt, Paul Friedrich mit der Haartolle. Da war Seidel schon mit dem fremden Schrank und dem unfreundlichen Sopha versöhnt, denn Paul Friedrichs Witwe, die Großherzogin-Mutter Alexandrine, hatte an seines Vaters Beerdigung teilgenommen. Und sie stammte aus Berlin, der Stadt, in der Heinrich Seidel nun zu leben begann. Naja, aus der Invalidenstraße oder aus der Dorotheenstraße, wo nach Johannes Trojans Aussage die Ratten mit ihren Kindern auf dem Damm spazieren gingen, stammte Alexandrine nicht.

Das berlinische Leben Seidels spielte sich zunächst an drei

Fixpunkten ab: dem Krögerschen Logis in der Invalidenstraße, der Königlichen Gewerbeakademie in der Klosterstraße und der Volksküche in der Kochstraße. Solche Volksküchen hatte eine Frau Lina Morgenstern während des kurzen Krieges gegen Österreich in Berlin eingerichtet; es hieß, auch die Königin Auguste habe die Sache gefördert. Jedenfalls konnte man dort gut und billig, sehr billig, essen. Das Prinzip bestand darin, daß alles zum Selbstkostenpreis abgegeben wurde. Die Gastwirte hatten dagegen angestunken, wie man sich denken kann, aber dieses nichtsnutzige Volk Berlins hatte Suppen-Linas Küchen sofort angenommen. So wimmelte es da von Arbeitern, kleinen Angestellten und unteren Beamten und natürlich auch von Studenten. Alles ging sehr reinlich zu und das Essen, für das die Suppen-Lina selbst die Rezepte schrieb, war gut und reichlich. Für wenig Geld wurde man satt.

Allerdings mußte man gut zu Fuß sein in Berlin. Morgens, nach Kaffee und „Schrippe" bei Frau Kröger, marschierte Seidel von der Invalidenstraße die Ackerstraße nach Süden zu, kam dabei am Kleinen Pferdebahndepot vorbei und folgte dann der Großen Hamburger Straße bis zum Hackeschen Markt. Von hier aus gelangte er um ein paar Ecken in die Rosenstraße und um die Marienkirche herum in die Jüdenstraße, die ein schmaler Durchgang mit dem Gelände der Gewerbeakademie verband. Das waren gut und gerne drei Kilometer Pflastertreten. Nun gut, wenn man einigermaßen bei Kasse war, sprang man ein Stückchen auf die Pferdebahn. Mittags zwischen zwölf und zwei Uhr war Mittagspause an der Akademie. Die Professoren,

Privatdozenten und Hausbedienten schlenderten hinüber zum Molkenmarkt oder zur Nikolaikirche, wo sie in verschiedensten Lokalen ihre Mittagstische hatten. Das studentische Volk, das seinen Hunger bisher in billigen und meist schlechten Suppenküchen oder, am Monatsende, bevor der elterliche Wechsel eintraf, mit trockenen Schrippen gestillt hatte, griff nun begeistert nach Lina Morgensterns gelben Essenmarken und strömte pulkweise in die Volksküche. Die „Nr. 1" in der Kochstraße war am beliebtesten, kostete aber auch wieder zwei Kilometer Weg. Dann trabte man retour in die Klosterstraße und saß von zwei bis um fünf Uhr nachmittags seine Lehrveranstaltungen ab, ehe der Heimweg drohte. So rannte Seidel jeden Tag seine ihm zugemessenen zehn Kilometer auf Schusters Rappen durch die Straßen Berlins. Nach und nach bekam er einerseits den allerkürzesten Weg heraus, nahm aber doch immer gern einen Umweg in Kauf, um neues Terrain zu erkunden. Nach einem Jahr konnte er, was die Kenntnis der preußischen Hauptstadt betrifft, von sich sagen, daß er ein Berliner geworden sei, auch wenn er noch keine Steuern zahlte.

Das Studentenleben in Berlin unterschied sich meilenweit von jenem in Hannover. Hier überließ man Pauken und Schlagen meist den „ewigen Studenten", die geschniegelt und in vollem Wichs die Flanierstraße Unter den Linden und die feineren Lokale belebten. Die Hörer der Gewerbeakademie hatten zu solchen Zerstreuungen meist weder Zeit noch Geld, und Heinrich Seidel fiel unter ihnen mit seiner Schmißnarbe auf. Wenn man ihn danach fragte, wich er aus: Ach, der Kratzer. Die streng geregelten Vorlesungsreihen der Professoren und Privatdozenten, die Statik, Mechanik, Konstruktionslehre, technische Physik, Werkstoffkunde lehrten, verlangten die ganze Aufmerksamkeit. Wer hier nicht mitkam, dem war nicht zu helfen. Unterbrechungen des regulären Lehrbetriebs waren da durchaus willkommen, und berühmte Gelehrte und Erfinder wurden den Studenten vorgeführt und demonstrierten ihre Experimente; Steinheil führte optische Geräte vor. die Brüder Siemens beschrieben ihren Stahlofen, Wilhelm Holtz baute seine Influenzmaschine im großen Hörsaal auf. Seidel sog das alles ein und verstaute es in den Kammern seines Gehirns. Wenn er abends nach Hause lief, funkte der Schrittrhythmus Verse in sein Gemüt, und er dachte an den Traum, der seither nicht wiedergekehrt war – die Entscheidung zwischen Zirkel und Feder war doch wohl noch nicht endgültig gefallen. Zwar hatte der Zirkel sich, den drängenden Forderungen des Ingenieurstudiums zufolge, zunächst in den Vordergrund gedrängt und wurde auch eifrig gebraucht, aber Vaters altes Tintenfaß mit dem silbernen Deckel war dennoch nicht ungefüllt geblieben und wartete auf der Kommode bei Frau Kröger geduldig auf seine Chance. Diese Chance nahte, wer hätte es gedacht, ausgerechnet an der betriebsamen Gewerbeakademie, wo es neben all den technischen Disziplinen auch ein Pflichtfach gab, das wohl der eine oder andere angehende Ingenieur gelangweilt über sich ergehen ließ, Seidel indes unwiderstehlich anzog. Jeden Mittwoch von neun bis elf Uhr erschien im großen Hörsaal ein schöner, kleiner Herr mit gepflegtem Lockenbart, der unter seinem modisch geschnittenen Rock stets bunte Westen trug. Professor Friedrich Eggers lehrte Kunstgeschichte und mußte Dutzende, wenn nicht gar Hunderte solcher bunten Westen besitzen, denn niemals sah Seidel eine an ihm, die er schon kannte.

Dieser eloquente Herr, der sein Fach offensichtlich enzyklopädisch beherrschte, brachte es fertig, zwei Stunden, ohne ein Konzept oder auch nur einen Spickzettel zu benutzen, über einen Gegenstand seines Fachs zu reden. Er baute kunstvolle, lange Satzperioden, deren Darbietung jedoch niemanden außer ihm selbst möglich gewesen wäre. Er hatte das Ziel seines Vortrags stets im Auge, auch bei den gewagtesten Abschweifungen und den elegantesten Seitenwegen seiner Vortragsprosa. Was der da machte auf dem Katheder, das beschäftigte sich nicht nur mit Kunst, es war Kunst. So riß er seine Zuhörer mit und zugleich hin. Eggers bot den jungen Männern auf den Klappstühlen des Auditoriums durchaus auch Erholung von den Lektionen der meist rhetorisch unbegabten Kollegen von den technischen Zünften, und wer am Montag und Dienstag mit erschöpfenden Auskünften über die Berechnung von Gewinden und die Belastbarkeit eines Mauerwerks entnervt worden war, der freute sich auf den Mittwoch und auf Professor Eggers.

Dessen Eigenart war es, den Gegenstand seines Vortrags mit einem einzigen, prägnanten Begriff überschreibend zu benennen. „Goldener Schnitt am Beispiel der Parthenons!" sagte Eggers zum Beispiel, und dann ließ er sich und seinen Sinnen freien Lauf. Die Funken sprühten. Seidel faßte sich ein Herz und trat eines Mittwochs, als der Professor den Hörsaal verließ, in seinen Weg.

Der Überfall glückte. Welche vielfältigen Glücksfälle dieses Mutfassen für Seidel noch nach sich ziehen würde, konnte er freilich nicht ahnen.

Professor Eggers blieb, aus seinem eiligen Abgang heraus sich zurückdrehend, mit federnder Eleganz stehen, sah an dem langen jungen Menschen hoch und fragte mit den Augen.

„Seidel, aus Mecklenburg, Herr Professor!" Eggers preßte sein feinledernes Täschchen gegen die dotterfarbene Atlasweste. „Aus Mecklenburg? Seidel ... Seidel? Sind Sie der Sohn dieses ... warten Sie mal ...", und er setzte nach kurzem Nachdenken seine Rede mühelos in Versen fort, die Seidel sogleich als die seines Vaters erkannte:

„Im Schatten der duftigen Linde
der Pfarrer von Grünau saß
und gebratene junge Hühner
mit grünen Erbsen aß.

Schön glänzt der damastene Schlafrock,
und die Mütze so weiß und fein,
gab ihm, sah man ihn von ferne ...“

und gemeinsam mit seinem überraschten Studenten skandierte der zierliche Professor die Strophe zu Ende:

„... eine Art von Heiligenschein.“

„Ich bin sehr in Eile. Hier ist meine Karte. Kommen Sie Donnerstag um sieben Uhr!" sagte Eggers und bog mit einem angedeuteten Nicken zum Ausgang. Dort drehte er sich noch einmal um, machte einen Schritt zurück auf Seidel zu und berührte mit seiner schmalen Hand Seidels Lippe an jener peinlichen hannoverschen Spur. „Was ist denn das?" – „Ach, nichts weiter, Hannover …" stotterte Seidel. „Lassen Sie's zuwachsen!" sagte Eggers, zupfte an seinem Bart und war schon verschwunden.

Seidel besah die Visitenkarte:

FRIEDRICH EGGERS
O. PROF. AN DER KGL. KUNSTAKADEMIE
BERLIN HIRSCHELSTR. 6

Am Donnerstag ließ er sich von Frau Kröger die Stiefel auf Hochglanz polieren, zog sein bestes Beinkleid an und seinen Sonntagsrock und stieg, auch wenn es dreist einen Silbergroschen kostete, auf die Pferdebahn, um pünktlich zu sein. Er konnte sich nicht vorstellen, was ihn erwartete. Er wußte nichts von Eggers, als daß er Mecklenburger von Herkunft war, was er ja auch durch seine erstaunlich genaue Kenntnis des väterlichen Spottgedichts auf die braven Landpastoren unter Beweis gestellt hatte. Das aber war auch alles. Hirschelstraße 6 … Es regnete etwas. Er blieb die ganze lange Friedrichstraße auf der Pferdebahn sitzen, die am Halleschen Tor endete. Hoffentlich fängt die Hirschelstraße dort an zu zählen und nicht gar an ihrem anderen Ende, am Anhalter Bahnhof, dachte er, aber er hatte Glück. Nr. 6 war ein hohes Vorderhaus. Eine Portiersfrau wies über den Hofgarten auf das Hintergebäude. „Herr Professor wohnt janz oben! Immer die Musike nach!" sagte sie.

Seidel erklomm das steile Treppenhaus, und tatsächlich, je höher er stieg, um so deutlicher drang Klaviermusik von oben herab. Irgend jemand improvisierte auf einem Flügel, eine Melodie, die er nicht kannte. Die Tür, die er schließlich im obersten Geschoß erreichte und hinter der das Klavierspiel hervordrang, war nur angelehnt. Man hörte Gespräche und Gelächter.

Seidel deutete die offenstehende Tür richtig, indem er einfach eintrat. Ein Dienstmädchen, im Vorsaal mit dem Ordnen der abgelegten Überkleider und Hüte der geräuschvollen Gesellschaft beschäftigt, wurde seiner gewahr. „Da is ja noch eener!" sprach sie gut berlinisch. „Wat et aber ooch wieder reechnen tut!" sagte sie und half ihm aus dem Mantel. Dann öffnete sie die Tür zum Salon. Das Klavierspiel verstummte, die Anwesenden wendeten sich dem Ankömmling zu und Professor Eggers – er trug heute eine resedafarbene Weste – zeigte mit der offenen Hand auf ihn: „Aha, der Herr Seidel!"

Etwas peinlich war es Seidel schon, in diese Gesellschaft ihm vollkommen unbekannter Leute zu treten, aber es ging etwas Ungezwungenes aus von diesen Menschen. Eggers stellte seinen jungen Gast näher vor. „Zunächst, womit allein seine Qualifikation schon hergestellt ist: ein Mecklenburger! Und zwar Sohn eines dichtenden Pastors. Studiert Stahlbau und stellt im

Nebenberuf literarische Schmiedearbeiten her." Seidel wunderte sich ein wenig, woher Eggers das wußte, aber der klärte die Anwesenden und ihn sogleich auf: „Ich las da eine Geschichte in den ‚Jahreszeiten', ein Märchen, sehr hübsch. Na, woll'n mal sehen, wie sich so ein Ingenieur in spe auf dem Pegasus macht."

Adelheid, das Dienst„mädchen", eine dürre, grauhaarige energische und – später würde Seidel es zu schätzen lernen – in allen Vorkommenheiten des Hauswesens geübte Frau mittleren Alters, drückte ihm ein Weinglas in die Hand. „Da hinten steh'n Schinkenschrippen!" fügte sie hinzu und wies in einen Erker, in dem eine Art kalten Büfetts aufgebaut war. Seidel nahm ein Brötchen, setzte sich auf einen Stuhl im Hintergrund des Zimmers und betrachtete die Anwesenden. „Die Dame am Flügel", sagte Eggers leise in seinem Rücken, „ist die Madame Peroni. Der Herr dort mit dem Backenbart ist ihr Gatte, der Herr Glaßbrenner, hat gerade die ‚Montagszeitung' übernommen und zahlt gute Honorare. Dort, dieser junge Mensch mit dem Schnurrbart, heißt August Bungert und will Wagnern entthronen. Sein Nachbar, der ihm gerade so zusetzt, heißt Lohmayer, und er vertritt Fontane auf dem Parkettplatz 23 für die Vossische Zeitung, in der er das Berliner Theaterleben in Grund und Boden rezensiert. Und da hinten, in der Sicherheit meines Sorgensessels, sitzt mein Bruder Karl und ordnet gerade die Welt neu." Ja, so sah der Bruder des Professors tatsächlich aus. Auch im Sitzen sah man ihm sofort an, daß er der Größere der beiden war. Er schien fast nur aus Bart zu bestehen und hatte eine gewisse Ähnlichkeit mit Gottvater in der Auffassung Michelangelos. Milde blickte er über seinen Kneifer auf das Treiben der kleinen Gesellschaft und nickte zu der Bemerkung seines Bruders. „So ist es!" sagte er mit tiefem Baß unter seinem Seehundsbart hervor. „Die Welt ist schlecht, mein Freund. Sehr schlecht. Glauben Sie mir! Jedenfalls in Berlin." Karl Eggers war Jurist und lehrte römisches Recht an der Universität. Nebenher versuchte er, die Erfindungen der Herren Gabelsberger, Stolze und Schrey in den preußischen Gerichtssälen durchzusetzen. „Das System ist gut, nur die Stenographen sind ungeübt!" pflegte er zu sagen. Er selbst beherrschte diese Kurzschriftsysteme und hatte sogar bei einer Vorlesung Fontanes Anklang gefunden, denn der von ihm mitgeschriebene Text stimmte haargenau mit Fontanes Manuskript überein, als man ans Vergleichen ging. Im übrigen aber war Karl Eggers das ganze Gegenteil seines Bruders.

Von Glaßbrenner hatte Seidel schon gehört. Eine Zeitlang hatte der Berliner mit seiner Frau Adele, der schönen Schauspielerin, in Neustrelitz gelebt. Später, wieder in Berlin, hatte er ständig irgendwelche Preßprozesse am Halse, aus denen ihm sein Freund Karl Eggers mit advokatischen Künsten wieder heraushelfen mußte. Frau Adele gab Schauspielunterricht. So schlug sich das stets gutgelaunte und in Berlin sehr populäre Paar durch. „Schreiben Sie auch Reime, junger Mann?" fragte er Seidel, und der rezitierte instinktiv genau das, was Glaßbrenner hören wollte, nämlich den Vierzeiler von den Ochsen und ihrem Mist, mit dem er schon John Brinckman in Gustrow zum Lachen gebracht hatte. Glaßbrenner lachte zwar nicht, aber immerhin:

117

Er „griente". „Haben Sie noch mehr davon?" fragte er. „Packen Sie's zusammen und schicken es mir in die Redaktion. Für jeden guten Vierzeiler 'ne Mark!"

„Da steht der junge Mensch nun zwischen Stahl- und Versbau!" scherzte Friedrich Eggers. „Kommen Sie damit zurecht?" Die direkte Frage, in der sich jener Traum vom Vater mit Zirkel und Feder wiederholte, verwirrte Seidel. Er wendete sie hin und her in seinen Gedanken, als er durch die Nacht nach Hause lief. Berlin schien ausgestorben zu sein, nur ein Schutzmann und zwei betrunkene Leutnants begegneten ihm auf der Friedrichstraße. An der Kochstraße stand eine Droschke; der Kutscher schlief auf seinem Bock, von seinem Wachstuchzylinder rann ler Regen. Seidel steckte die Mark für den noch nicht gelieferten Vierzeiler in die wacklige Kalesche. „Invalidenstraße!" sagte er. Ohne daß der Kutscher ein Zeichen des Einverständnisses gegeben hätte oder seinem Gaul einen Befehl, setzte sich das Gefährt rumpelnd in Gang. Der Schein der verblakten Laterne erleuchtete das verschlissene Innere der Droschke, und Seidel hatte das Gefühl, in die alte Zeit zurückzufahren, in der E. T. A. Hoffmann gelebt hatte in dieser Stadt. Er, Seidel, war in der nächtlichen Kutsche zwischen Gestern und Morgen.

Bevor er seine letzten Vorlesungen an der Gewerbeakademie absolvierte und sich auf die Prüfungen vorbereitete, hatte er sich schon in der Wöhlertschen Maschinenfabrik in der Chausseestraße vorgestellt. Dort bauten sie Lokomotiven. Sie suchten einen studierten Techniker, der den „kleinen Zeichensaal"

leiten konnte. Es war nicht gerade eine besonders verheißungs-
volle Stellung, die ihn da erwartete, aber es würde ihn endlich
unabhängig machen von der Familie, besonders von Onkel Adolf
und seinen nörglerischen Bemerkungen Mutter Johanne gegenüber, die sie in Briefen an ihren Sohn abgemildert weiterreichte.
Vor allem die überflüssigen poetischen Flausen! Was das wohl
solle! Es wäre nun an der Zeit für den Neffen, eigenes Geld zu
verdienen! Und wäre er damals auf dem Gymnasium nur fleißi-
ger gewesen, könnte er längst Pastor sein wie sein Vater.

Das mochte Seidel eigentlich nicht mehr länger erdulden.
Zwar sah er es in gewisser Weise sogar ein, aber ihn ärgerte die
hämische Art, in der Onkel Adolf seine Ansichten verbreitete.
Er würde es ihm schon zeigen.

Im November 1868 setzte Seidel seine Unterschrift unter den
ersten Arbeitsvertrag seines Lebens: H. Seidel, Ingenieur. Zuvor
hatte er neben einigen anderen auch diesen Vierzeiler an Glaßbrenner geschickt, und der hatte ihn in seiner „Montagszeitung"
unter einem ziemlich deftigen Artikel gegen Bismarck abgedruckt, der mit „Fuchs" gezeichnet war. Da stand nun, nur durch
ein trennendes Sternchen abgesondert, zu lesen:

DIE SCHLIMME SORTE
Eine Sorte von Menschen macht mich gleich verstummen,
das sind die superklugen Dummen.
Da hilft nur das: Sie schweigend zu ertragen
oder sie einfach niederzuschlagen. S.

119

Dieser Glaßbrenner! Aber so war nun mal die Presse in Berlin, das war weder das „Freimütige Abendblatt", das Vadding-Pasting wegen seiner „gemäßigt-liberalen Haltung" geschätzt und gelesen hatte, das waren auch nicht die bürgerlich-betulichen „Jahreszeiten" oder die vielseitige „Gartenlaube" für die Sonntagslektüre. Das war eben die „Montagszeitung", und Montag fängt die Woche an, da mußte Tacheles geredet werden, wie Glaßbrenner das nannte. Seidel konnte froh sein, daß der bakkenbärtige Barde seinen Namen abgekürzt hatte. Im Wöhlertschen Zeichenbüro auf dem weitläufigen Fabrikgelände an der Chausseestraße ahnte natürlich niemand etwas von den Dichtkünsten des Saalvorstands Seidel. Und wenn einer die „Montagszeitung" las, so konnte er das „S." auch für „Schulz" oder „Schneider" halten. Fast ein Jahr lang hatte „S." seinen wöchentlichen Vierzeiler, der sich manchmal auch zu acht Versen auswuchs, im Blatt. Nun, das war ja nichts Großes, und die Mark, „pro Stück", die der Herr Chefredakteur anwies, war so schnell ausgegeben, wie sie hereinkam. Aber seinen Spaß hatte er doch an den kleinen Reimereien, zumal er nie wußte, was Glaßbrenner damit anfangen würde. Als die Deutsche Geographische Gesellschaft den Beginn der wissenschaftlichen Vermessung der Erdkugel verkündete und die „Montagszeitung" darüber berichtete, diffamierte S. dieses welthistorische Geschehen, wie immer „blind":

DER WEITE GESICHTSKREIS
Die Kröte kroch mit großem Schnaufen

bedächtig auf den Maulwurfshaufen
und sah sich um, vor Stolz geschwellt:
„Wie groß ist doch die weite Welt!"

Ähnlich war es, als Liszt nach Berlin kam und im Schau-
spielhaus konzertierte. Anschließend hatte er sich einen kleinen Rausch bei Lutter & Wegner geholt, fiel auf dem Weg ins
Hotel unter die Berliner Straßenräuber und mußte sich, seiner
Barschaft beraubt, mit einem Wechsel von seiner ziemlich
hohen Rechnung freikaufen und sah sich zu all dem Ungemach
auch noch von den Zeitungen der preußischen Hauptstadt ver-
höhnt, da nahm Glaßbrenner mit sicherem Blick aus der Vorrats-
schublade des Redakteurs den Seidelschen Vierzeiler:

AUCH SO EINER!
Wenn sich ein richtiges Genie
mal geradeso betrinkt wie sie,
oder gleich ihnen muß sich was pumpen,
freu'n sich herzinnig alle Lumpen.

Seidel schnitt die „Schmonzettchen" aus und sandte sie an
seinen Freund Karl Hohn. Allerdings nahm er die Sache keineswegs ernst. Vielmehr hatte er das Bedürfnis, Märchen zu schreiben und die Begegnungen mit allerlei sonderbaren Gestalten zu
schildern, die er in Berlin bei seinen sonntäglichen Streifzügen
durch die Vorstädte beobachtete. Zu Märchen riet ja auch
Eggers, „das schult", meinte er und kündigte bei einem seiner

geselligen Abende an, den Herrn Ingenieur nun endlich mal in den „Tunnel" mitzunehmen …

Zuerst aber mußte umgezogen werden. Wenn auch das Gehalt des Zeichensaalchefs bei Wöhlert nicht üppig war, so war es doch ausreichend und langte zu. Die billige „Bude" bei dem Leichenpfleger Kröger und seiner resoluten Frau wartete schon auf einen neuen mecklenburgischen Studenten. Der Parchimer Tierarztsohn Samuel Cohn sollte vom Frühjahr an die Höhere Tierarzneischule besuchen. „Dor hett he ja de Sinagog' dicht bi!" sagte Herr Kröger, als er vom mosaischen Bekenntnis seines neuen Einliegers erfuhr. Seidel packte seine Siebensachen und zog, von Herrn Kröger mit dem Handkarren begleitet, dreihundert Meter weiter in die Kesselstraße. Die lag hinter dem neuerbauten Naturgeschichtlichen Museum und zweigte gegenüber seiner Arbeitsstelle von der Chausseestraße ab. Die Zeit der strapaziösen täglichen Wege hinunter ins Zentrum und zurück, und leider auch die Zeit der Volksküche, war vorbei. Bei Frau Professor Lüdemann bewohnte er zwei nach dem Hof hinausgehende möblierte Zimmer, von denen eines sogar einen Balkon hatte. Hinter den schütteren Bäumen des Hofgärtchens sah man auf das Dach des „Knochentempels", wie Frau Professor das neue Museum nannte. Ihr Gatte hatte an der Zusammenstellung der dort ausgestellten Sammlungen gearbeitet und war, als sich sein Traum von hellen Sälen voller Fossilien endlich erfüllte, plötzlich gestorben.

Seidel dachte bei dieser kummervollen Mitteilung an seinen Gymnasialprofessor Wex in Schwerin. Auch der war gestorben, nachdem man das Richtfest seines neuen Gymnasiums am Pfaffenteich eben gefeiert hatte. Die Lüdemannsche Wohnung war selbst ein „Knochentempel". Auf Borden und in Schränken spreizten und stapelten sich Fossilien jeder Art, versteinerte oder zu Kohle verklumpte Lebewesen aus den Tongruben und Steinbrüchen Europas. Im Flur standen deckenhohe Regale mit riesigen, in schweres Leder gebundenen Herbarien. Seidel der das alles bewundernd betrachtete, erhielt sogleich die Erlaubnis, die Sammlung zu benutzen. Frau Professor war sichtlich erfreut, daß der neue Zimmerherr an ihres verblichenen Gatten Hinterlassenschaften so rege interessiert war. „Aber Damenbesuche, lieber Herr Ingenieur, darf ich nicht gestatten!" sagte sie noch, gab ihm die Schlüssel für Haustor und Wohnung und ließ ihn allein. Seidel drückte das zuletzt von Glaßbrenner empfangene Markstück in die freudig geöffnete Hand des Leichenpflegers, versprach baldigen Besuch in der Invalidenstraße und entließ ihn mit Dank fürs Bücherbuckeln.

Die Zimmer waren eigentlich ganz schön. Am besten war, daß sie nach Süden hinaus lagen und ins Grüne sahen, denn sowohl nach Osten wie auch nach Westen und nach Norden war die Straße von Fabriken eingekesselt. Der Name „Kesselstraße" paßte. Seidel wußte nicht, daß die Straße nach einem preußischen General benannt war. Schornsteine, Rohrleitungen, Krane. Immer Gerassel schwerer Fuhrwerke auf dem ausgefahrenen Pflaster. Im Nebenhaus wohnte ein Maler, den Kröger kannte: „Hier wahnt de Liekenmaler Bruske!" hatte er gesagt, als er den Handkarren am Nachbarhaus vorbei in die Einfahrt schob.

Von der Kesselstraße aus zog Seidel an seinen freien Tagen immer weitere Spaziergangskreise, erkundete die wildwuchernden neuen Stadtteile nördlich der Invalidenstraße mit ihren Schornsteinen und Werkhallen und Mietshäusern ebenso wie die „besseren Wohnviertel" des Westens, so zum Beispiel Am Karlsbad, eine Privatstraße jenseits der Potsdamer Brücke über den Landwehrkanal, die „... an ihrem Ende durch einen Zaun abgeschlossen" war und „hinter dem eine Wiese lag und die unentdeckten Erdteile begannen". In sein neu erworbenes Merkbuch – das vorhergehende war längst vollgeschrieben – notierte er seine Beobachtungen und skizzierte die mehr oder minder merkwürdigen Gestalten und Charaktere, die diese Pioniergegend Berlins bevölkerten. Er ahnte noch nicht, daß er selbst in nicht ferner Zukunft hier leben würde, daß er hier, in einem Hause auf dem Grundstück „Am Karlsbad 11", vor die Entscheidung gestellt werden würde, was Feder und Zirkel betraf. Noch war der Zirkel das Symbol des Arbeitstages bei Wöhlert und die Feder die Begleiterin seiner Abende und Sonntage.

Auf einem nahen Gelände, das sich in einer Art brennessel- und distelüberwucherten Wüstenei befand, stiegen Arbeiter mit Meßlatten herum. Jenseits des Kanals stieß der Garten einer Villa an das noch unbebaute Ufer. Von ihr hatte Seidel in Professor Eggers' Abendgesellschaft reden hören, von jenem wunderlichen Menschen, der das nach allen Seiten hin mit einer hohen Mauer umfriedete Anwesen bewohnte, worin ihm zwei „ältliche Nichten" Wirtschaft und Hauswesen führten. Es hand-

le sich bei dem Eigentümer um einen ehemaligen Juwelen-
händler, der ein sagenhaftes Vermögen erworben habe, eines
merkwürdigen und rätselvollen Schicksals wegen jedoch seinen
einträglichen Beruf aufgegeben und sich in die abgeschlossene
Einsamkeit des Hauses am Kanal zurückgezogen habe, wo er,
assistiert von den Nichten, seiner einzigen Leidenschaft, der
Rosenzucht, lebe. Das war, fand Seidel, ein ganz nettes Motiv für
eine Novelle. Angestachelt von Eggers' Gästen, namentlich von
den schwärmerischen Wagner-Entthroner Bungert und der stolz
alternden schönen Peroni, hatte er – leichtfertig, wie er später
einräumte – zugesagt, eine Geschichte zu schreiben, deren Titel
er aus Eggers' Salon mit nach Hause trug: „Der Rosenkönig".
Noch hatte er nichts als das Motiv: Alter Mann, reich, Rosen, die
verwelkten Nichten, die hohen Mauern. Aber es waren ja auch
verwertbare Bausteine seiner eigenen Erinnerung vorhanden.
Die nicht minder seltsamen, schrulligen, verschrobenen Figuren seiner Jugend am Schweriner Schelfkirchenplatz könnten
vielleicht Platz finden, man könnte den alten Doktor G., den
linken Nachbarn des Pfarrhauses, verwenden, der auch aus
„rätselhaften" Gründen in den Ruhestand versetzt worden war
und tatsächlich Rosen züchtete, oder den zur Apothekerstraße
hin angrenzenden Märchengarten der Witwe Düsel oder das
Haus des Advokaten Reimkasten, das die rechte Nachbarschaft
bildete, und den Advokaten selbst, einen geheimnisvollen Menschen, der auf seinem Flachdach ein Glashaus errichtet hatte,
das von einem eisernen Zaun zur Dachkante umgeben war. Auf
die Pfosten dieses Zaunes waren leere Medizinflaschen gestülpt,

um Blitze abzuweisen. Das alles war abrufbar in Seidels Kopf gespeichert und in seinem Gedächtnis so fest aufbewahrt, wie nur Eindrücke der Jugendjahre hafteten, in denen Merkbücher noch nicht benötigt wurden.

Zu Hause in Frau Professor Lüdemanns Diele fand Seidel, als er von einem Erkundungsgang zum Hause des Rosenkönigs heimkehrte, ein Briefchen von Eggers auf der Kartenschale vor. „Lieber Seidel", schrieb Eggers in seiner zierlichen Handschrift, „der Tunnel tagt am 3. November, einem Sonntage, um 5 Uhr nachmittags im Café Belvedere hinter der Katholischen Kirche. Ich erwarte Sie in der Hoffnung, daß Sie mit der uns versprochenen Novelle vom Rosenfürsten schon vorangekommen sind und vielleicht daraus ein Stückchen vorlesen. Nur Mut! Eggers"

Seidel ging die nächsten beiden Wochen, die bis zu diesem Tunnel-Sonntag noch fehlten, mit gemischten Gefühlen in seinen Zeichensaal, verbannte, dort angekommen, alle Gedanken an das poetische Vorhaben in das unterste Geschoß seines Bewußtseins und versuchte sich ganz seinen Tagesaufgaben zu widmen. Die bestanden gegenwärtig in der Konstruktion eines Tenders zu einer Lokomotive. Kommerzienrat Wöhlert hatte sich, nach eingehenden Gesprächen mit den Herren vom Eisenbahnbureau im Ministerium, in den Kopf gesetzt, für die in Aussicht genommene Neuanlage der Potsdamer Bahn eine Lokomotive zu bauen, die auf das Nachbunkern von Kohle auch bei einer größeren Distanz verzichten konnte. Also mußte ein Kohlentender her, der dieser Anforderung genügte. Seidel hatte wenig Vergnügen an dieser Arbeit, wie ihm überhaupt die Lokomotiven in ihrer schnaufenden Überheblichkeit nicht besonders gefielen. Lieber hätte er Dinge erdacht, die an Ort und Stelle blieben. Die Herren von der Anhalter Bahngesellschaft, die sich mit der Anlage eines neuen großen Kopfbahnhofes anstelle der seit 1842 bestehenden Eisenbahnstation am Askanischen Platz vor dem Anhalter Tor beschäftigten, hatten für die Lösung eines Problemes einen Wettbewerb ausgeschrieben: Sie suchten eine technische Möglichkeit, Lokomotiven, die in einen Kopfbahnhof eingefahren waren, von Gleis zu Gleis ohne Rangierfahrt umzusetzen. Mit etwas schlechtem Gewissen beteiligte Seidel sich daran und gewann mit seiner Idee die Ausschreibung und die damit verknüpften 100 Taler, die ihm sehr zupaß kamen. Nur konnte er, bei Wöhlert angestellt, schlecht aus seinen Skizzen und Ideen eine richtige, brauchbare Konstruktion für die Konkurrenz entwickeln, ohne sich den Zorn seines Chefs zuzuziehen. So blieb es zunächst bei der Idee, die eine „hydraulisch betriebene Schiebebühne zur Querversetzung von Lokomotiven in Kopfbahnhöfen" vorsah und wie auch die Patentschrift betitelt war, die er immerhin schon einmal dem Königlichen Patentamt einreichte, damit ihm niemand die Idee stehlen konnte. Schon zweimal auch hatte der Vorstand der Magdeburg-Potsdam Berliner Eisenbahngesellschaft dringlich angefragt, ob der Herr Ingenieur Seidel nicht Neigung verspüre, in ihre Dienste zu treten, man benötige aufstrebende junge Herren insbesondere für die Lösung von Brücken- und Hebezeugfragen, und die Gewerbeakademie habe beste Auskünfte über ihn erteilt. Aber Seidel mußte, so gern er sowohl den Anhaltinern als auch den Potsdam-Magdeburgern zugesagt hätte, zunächst noch brav bei Wöhlert ausharren, denn er hatte in seinem Anstellungskontrakt für zwei Jahre unterschrieben.

So saß er also im Zeichensaal, mehr oder weniger gut gelaunt, wie immer schwankend zwischen Pflicht und Neigung, zwischen Zeichenbrett und Rosenkönig, und ließ sich einen Bart wachsen.

Frau Professor Lüdemann fand an diesem Entschluß nichts auszusetzen. Ein Bart, so meinte sie, würde doch einem Manne von seiner Statur gut zu Gesicht stehen. Nun gewiß, die Narbe über der Lippe würde dann wohl unsichtbar werden, aber auch ihr verstorbener Gatte habe, obwohl Inhaber einer schönen Tiefquart vom Mundwinkel bis zum linken Ohr, diese akademische Verzierung noch vor ihrer Hochzeit zuwachsen lassen. Die Hochzeit, übrigens, habe man in Karlsbad gefeiert, und es sei ihr immer noch das würdevolle Aussehen ihres Bräutigams im Gedächtnis, der der Meinung gewesen sei, zu einem verheirateten Manne gehöre eben ein Bart, was sie ja auch fände. Dabei goß sie ihrem Untermieter den Sonntagskaffee ein, bürstete, bevor er das Haus verließ, um in das bewußte „Café Belvedere" zu eilen, noch seinen Rockkragen ab und ließ dabei die Bemerkung fallen, daß sie es mit dem Damenbesuch natürlich nicht so ganz wörtlich gemeint habe. Seidel mußte grinsen, was aber durch den schon nach vierzehn Tagen recht fortgeschrittenen Bart verborgen blieb. Sie dachte, dachte er, er ginge auf sogenannten Freiersfüßen oder so ähnlich. Naja. Irgendeine Leere war da schon in ihm, das mußte er ja zugeben. Und während seiner

Versuche, die Gestalt des Rosenkönigs in eine halbwegs passable Geschichte einzufügen, war ihm das Schreibstück unter der Hand und ohne daß er es von vornherein beabsichtigt hätte, zu einer veritablen Liebesgeschichte geworden, in der neben Rosen, die ja ohnehin zu solchem Stoff die paßrechten Blumen waren, auch braune Seidenbänder vorkamen, die von einem Mädchenhute flatterten. Es war aber in dieser Beziehung alles nichts Rechtes. Seit ihm der Bremer Cigarrenfabrikant mit forschem Zugriff die Postsekretärstochter in Güstrow weggeschnappt hatte und in weiser Erinnerung an seine Erfahrungen mit dem Kometen-Hannchen zu Hannover hatte er eigentlich auf solche Eskapaden verzichten wollen, zumal ihm weder Zeit noch Geld für ernsthafte Brautschau zu Gebote standen. Aber in seine Geschichte schlich sich dennoch die unbestimmte Sehnsucht nach irgend etwas ein. Und so kam ihm die Novelle nun, nachdem sie fertig und zu Ende und ins Reine geschrieben auf Papier stand, fast wie eine Geschichte seiner eigenen Träume vor. Ein ziemlich mittelloser, wenngleich doch hoffnungsvoller junger Mann, den er Heinrich (!) Walter nannte und der in des Rosenkönigs Nachbarschaft wohnte, gewann die Zuneigung dieses wohlhabenden Hagestolzes, der ihm sein Haus und sein Herz öffnete und ihn in seinen Garten aufnahm. Das war schon mal gelungen. Mit dem Alten redete der Novellenheld über Rosen, über die Natur, über Gott und die Welt weniger, mehr schon über die Brutgewohnheiten der Grasmücke und über den Einfluß des Frühlings auf die menschliche Seele. Garten und Haus des Rosenkönigs konnten geschildert werden, die romantische

Pracht und Zierlichkeit der Laubengänge, Rabatten und Spalie-
re, die rosenumrankte Veranda am Haus, die Ecke an der
hinteren Mauer, wo der Boden schlechter war und deshalb einem
genügsamen, wilden Rosenstock zum Standort bestimmt war.
Der Rosenkönig selbst wurde mit einem vornehmen alten Die-
nerpaar sowie mit weißem Haar und Bart ausgestattet und mit
einer sensiblen Lebensgeschichte, deren Hergang auch eine
verborgene frühere Liebe einschloß zu einer Dame namens Frau
Werner, die mit ihrer Tochter – nun kam's – im anderen Nachbarhaus lebte. Marie Werner, so hieß dieses Mädchen, trug auf ihren
braunen Locken Hüte mit einem braunen Seidenbande, das aus
Seidels sehnsüchtiger Phantasie heraus durch den Sommer
flatterte, denn einen Sommer umfaßte seine Geschichte; sie
begann im Frühjahr und endete mit dem Eintritt des Herbstes.
Seidel hatte die Form eines Tagebuchs gewählt; er konnte seine
Idylle mit Hilfe dieses Kunstgriffes jederzeit betreten und verlassen, um sich in ihr aufzuhalten oder über sie zu reflektieren,
um mitzuspielen oder zu beobachten.

Jene Marie nun mit dem braunen Seidenband, deren Gesicht
unter einem hellgrünen Hut wie eine Rosenknospe gezeichnet
war, eine Traummarie aus einer selbstgemalten Welt, schlich
sich in das Herz des jungen Mannes vom Nebenhaus ein und
warf ihn doch in vielerlei Zweifel, denn zwischen ihr und dem
Rosenkönig bestand eine geheimnisvolle, für den Beobachter
am Fenster zunächst undeutbare Beziehung. Heinrich Walter
geriet in die schiere Verzweiflung, als er von seiner Fenster-
bastion aus, hinter zusammengeschobenen Geranientöpfen her-

vor in den Garten des Rosenkönigs hinabobservierend, mitansehen mußte, wie Marie, über die niedrige Hecke zwischen ihrem und des Rosenkönigs Garten hinweg, den weißhaarigen Mann küßte. Nun ja, auf die Wange. Aber immerhin. Ging dies an? Dieses Kind in der Knospe, dieser Weißbart? Sie siebzehn, er fünfzig oder so? Heinrich Seidel ließ seinen Heinrich Walter hinaus in den Tiergarten stürzen und setzte seinen Helden einem gewaltigen Sommergewitter aus, das ihn bis auf die Haut durchnäßte und ihn mit einer Lungenentzündung aufs Krankenlager warf, fast bis auf den Tod.

Wie Seidel mit der Geschichte so weit gekommen war, hatte er sich den Schweiß abgewischt und nachgedacht. Wenn er aus seinem Fenster bei der Witwe Lüdemann hinunter in den Gartenhof des Naturgeschichtlichen Museums sah, so war dort weder eine Rosenlaube noch ein Rosenkönig noch eine braune Marie mit dem Seidenbande zu sehen, sondern lediglich ein riesiger Stapel trister Holzkisten, in denen man vor ein paar Tagen die Knochen eines Dinosauriers angeliefert hatte, die auf ihre Zusammensetzung in der Schauhalle des Museums warteten und den Knochentempel des Professors Lüdemann gewissermaßen nach draußen erweiterten. Nein, so traurig konnte die Sache nicht enden. Die geheimnisvolle Beziehung Maries zum Rosenkönig mußte aufgelöst, das Leben des aufs Sterbebett hingeschleuderten Heinrich Walter mußte gerettet, die Geschichte mußte zu einem guten Ende gebracht werden. So geschah es denn auch – Marie war nicht etwa, wie der Leser auf der dreißigsten Seite der Novelle zu vermuten begann, eine Tochter des

Rosenkönigs, doch sie galt ihm fast dafür, weil er ihre Mutter vor vielen Jahren an einen Herrn Doktor Werner verloren hatte, der, ein erfolgreicher Arzt, vor einigen Jahren verstorben war. So kam nach lebensstürmischen Fahrten durch Welten und Meere der Herr Born, genannt der Rosenkönig, zurück in das Haus am Landwehrkanal, fand seine Jugendliebe als Witwe vor und eine Tochter dazu, fand also, was hätte sein können, wenn er damals weniger verzagt um die Dame seines Herzens geworben hätte. Er schloß Freundschaft mit der Mutter und die Tochter in sein Herz, die ihn „Onkel" nannte und an der er nun mit mildem Herzen den weggestorbenen Vater in der einen oder anderen Angelegenheit vertreten durfte. Und Marie, über die Hecke hinweg, küßte Onkel Born auf die weißbärtige Wange, weil er Geburtstag hatte. So einfach war das alles.

Seidel hatte das ganze auf sechzig Seiten gebracht und der Geschichte natürlich auch das von Anfang an schon durchschimmernde glückliche Ende gegeben: Heinrich Walter bekam die Marie Werner, und alles war gut.

Er ging, die Geschichte unter dem Arm und mit der Kleiderbürste und den guten Wünschen der Frau Professor Lüdemann verabschiedet, hinunter, grüßte den Leichenmaler Bruske, der eigentlich Franz Skarbina hieß und im Hausflur mit dem Sargtischler von nebenan stand und Schnaps trank, lief das kurze Stück Kesselstraße bis an die Chausseestraße entlang und sprang auf die Pferdebahn, die stadtwärts vorbeirollte. „Wie weit?" fragte der Schaffner. „Bis zur Französischen", sagte Seidel. „Zwee Jroschen!" sagte der Schaffner und riß das Billett ab.

Seidel, auf dem rüttelnden Sitzplatz über der Achse, wischte ein Guckloch in die beschlagene Scheibe und sah gedankenverloren nach draußen. Dieses Wetter, dieser düsterschwere, nasse Novemberabend, paßte viel besser zu einer ganz anderen Geschichte als zu eben jener, die er in Reinschrift in der Mappe bei sich trug und aus der er heute in einem literarischen Sonntagsverein, eingeführt als „Rune Anakreons", auf Vermittlung und Einladung seines Lehrers Friedrich Eggers vorlesen sollte. War seine Geschichte nicht doch gar zu zierlich und harmoniebesessen? War er selbst harmoniebesessen? Sollte er nicht lieber den Leichenmaler schildern, der mit dem Sargtischler im Hausflur stand und Schnaps trank? Was sollte er beschreiben: das Leben, wie man es sich wünschte, oder das Leben, wie es war?

An der Französischen stieg er ab. Es nieselte.

Niemand, vielleicht nicht einmal der Wirt, wußte zu sagen, warum die Örtlichkeit „Café Belvedere" hieß. Von schöner Aussicht war nichts zu bemerken. Das Ding lag in einem der altersgrauen Hauskästen hinter der Hedwigskriche in einer Gasse, die auch richtig „Hinter der Katholischen Kirche" genannt wurde. Von dieser Kirche kannte Seidel immerhin die vielkolportierte Anekdote, der Alte Fritz habe nach der Frage der Baumeister, wie sie auszusehen habe, eine Kaffeetasse auf den Tisch gestülpt und dazu gesagt: „Na, so!", und der vom mecklenburgischen Herzog Christian Ludwig II. ausgeliehene Tausendsassa Jean Legeay, berühmt für seine Garten-, Bau- und Liebeskünste, der Casanova unter den Architekten, habe die kühne Kuppel nach den Maßen der königlichen Kaffeetasse berechnet. So hätte er, Seidel, verwandtschaftliche Regungen spüren können, aus zwei Gründen zumindest: Wie Legeay liebte er das Berechnen von Kuppeln und die Gärten, nur was die Liebe angeht, war er gegenwärtig wenig erfolgreich. Christian Ludwig allerdings lag in Vadding-Pastings Kirche zu Schwerin begraben. Solche Gedanken jedoch hatten jetzt keinen Platz in seinem Kopf. Er hatte die Novelle vom Rosenkönig unter dem Arm und etwas feuchte Hände.

Das „Café Belvedere" war nichts als ein schwarzgequalmter, tunnelförmiger, tonnengewölbter Keller, dem ein geräumiges Hinterzimmer angefügt war. Hier war einmal im Monat das Rauchen verboten, wenn nämlich die literarische Sonntagsgesellschaft „Tunnel über der Spree" tagte. Das Rauchverbot galt für jene Stunden, in denen die Mitglieder oder die „Runen", wie die „rätselhaften Jungtalente" genannt wurden, aus ihren Dichtungen vorlasen, um sich später, bei wieder hergestellter Tabaksfreiheit, den mehr oder minder vernichtenden Kritiken der Anwesenden zu stellen. Der „Tunnel" war schon vor mehr als vierzig Jahren, 1827, von Gottlieb Moritz Saphir als dichterischer Ulkverein gegründet worden, war später zu einer ernstzunehmenden Literaturgesellschaft avanciert und befand sich nunmehr, als Seidel zugelassen wurde, bereits wieder im Niedergang. Immerhin: Theodor Fontane war gelegentlich zu sehen, der Maler Menzel, „kleine Exzellenz" genannt wegen seiner wirklich erstaunlich „geringen Höhe", saß meist schweigend, in der Runde, Geibel und Heyse hatten hier vorgelesen, Storm war Gast, der Zeichner Wilhelm Kaulbach skizzierte eifrig die Vorleser und Zuhörer, und Felix Dahn, riesenhaft und rübezahlbärtig, verbreitete dröhnend seine Theorien über das Germanentum und geriet dabei meist mit Friedrich Kücken aneinander, falls der Schweriner in Berlin weilte, um seine Bankgeschäfte abzuwickeln. Erinnerungsselig schwärmte Kükken von Heinrich Heine, den Dahn wiederum einen „undeutschen jüdischen Nestbeschmutzer" nannte. Kücken war der einzige der Anwesenden, den Seidel bei seinem ersten Tunnelbesuch kannte, von seinem „Paten" Friedrich Eggers einmal abgesehen.

Wenn der Wirt den Namen seines Etablissements nicht erklären konnte, so wußten die meisten Tunnelmitglieder nichts mit dem Namen „Tunnel" anzufangen, höchstens, daß das liebe Tagungslokal eben ein Tunnel sei, von seiner Baugestalt her. Eggers indes war kundig: Damals, als Saphir den Klub gründete, habe alle Welt von der großen Stadt London geschwärmt und von dem gerade mit erheblicher Sensation eröffneten Tunnel unter der Themse, durch den selbst die königliche Staatskalesche schnell und bequem von einem Ufer zum anderen habe gelangen können auf dem Wege vom Tower nach Greenwich. Doch Berlin dagegen! Dieses Dorf! Na, immerhin, habe Saphir gemeint, man habe ja auch einen Tunnel, nämlich über der Spree, denn da lag das Café Belvedere um eine Handbreit, und wenn die Spree Hochwasser hatte, mußte der Tunnel geschlossen bleiben …

In jenen alten Zeiten des Moritz Saphir waren die geheiligten

Bräuche des Clubs entstanden, nach denen jedes Mitglied einen Tunnel-Namen führte, mit dem es, unter Weglassung aller Titel, angeredet werden mußte. Fontane nannten sie – wie witzig – „La Fontaine", Menzel mußte sich „Rubens" gefallen lassen, Friedrich Eggers war „Anakreon". Wer Mitglied werden wollte, brauchte einen Fürsprecher, als dessen „Rune" er eingeführt werden konnte. Fiel er freilich mit seinen „Spänen", wie die vorgelesenen Texte hießen, durch, so galt dies ein für alle Mal ...

Heute nun erteilte das „Angebetete Haupt", wie der Vorsitzende des Abends genannt wurde, der „Rune Anakreons" das Wort zur Vorlesung eines „Spanes", und Seidel, befangen in der seltsamen, altertümlichen und zugleich grotesken Atmosphäre, hub an mit dem „Rosenkönig". Jede „Rune" durfte so lange lesen, bis er von der Glocke des Abendpräsidenten unterbrochen wurde. Bei Seidel dauerte es erstaunlicherweiser ziemlich lange, ehe das Glöckchen lospingelte. Dann beratschlagten sie, die erlauchten Geister der Runde, über das Urteil. Grinsende Würde und herablassende Toleranz mischten sich in zugerufenen Aperçus. Etablierte Granden und beflissene Knappen, Gedröhn und Gezischel. Einer, er hieß Julius Stinde, rief: „Druckenlassen", ein anderer, der sich später als Hofmarschall des Prinzen von Preußen, Gustav zu Putlitz, herausstellte, im Tunnel „Thespis" genannt, und aussah wie ein bärtiger Heinrich Heine, gab ein „Sehr hübsch für den Anfang!" in die Debatte. „Kennen Sie den nicht?" fragte Eggers-Anakreon seine „Rune". „Putlitz war Intendant in Schwerin!" Seidel schüttelte den Kopf. „Der hat mindestens ein Schock Lustspiele geschrieben. Wenn

Sie nicht durchfallen, wird er Ihnen nachher seine ‚Wald-
märchen' schenken, warten Sie's nur ab! Alles dick voll mit
Elfen und Zwergen, Pucks und Feen. Bei dem unterhalten sich
die Steine mit den Farrenkräutern!" Das hörte sich fast wie eine
Drohung an. Nun aber trat Ruhe ein, das „Angebetete Haupt"
ließ wieder das Glöckchen zirpen und rief zur Abstimmung. Die
lief, wie alles hier, nach einem Ritual ab. Der Wirt, der aus dem
Klang des Glöckchens auf den nun einsetzenden Durst der
Tunnel-Herren schloß, steckte den Kopf zur Tür herein. „Noch
nicht, Cerberus!" donnerte der Abendpräsident; die Tür schloß
sich wieder. „Schlecht!": Zwei Hände. „Ziemlich schlecht!":
Eine Hand. „Verfehlt!": Wieder zwei Hände. „Gut!": Ein Dutzend Hände, auch die Eggers', Stindes und Putlitz'. „Sehr gut!":
Niemand. Der Abendpräsident verkündete das Urteil. „Mit
zwölf Stimmen für Gut hat die ehrenwerte Gesellschaft der Rune
Anakreons den ferneren Zutritt gestattet. Gebt ihr einen Namen!"

Nun prasselten die Vorschläge. Sie sollten spaßig, durften
anspielend sein, gar gut calauerisch. „Kleist!" – „Wieso
Kleist?" – „Er heißt Seidel! Mal sehen, wann er bricht!" Gelächter. „Eisenhans!" – „Warum?" – „Wegen der Länge und wegen
des bürgerlichen Berufs!" – „Was ist er denn?" – „Ingenieur!" –
„Frauenlob!"

Einen Moment war Stille. Dann fragte das Angebetete Haupt
nach. „Begründung für ‚Frauenlob'?" – „Er las eine Liebesgeschichte, und wir haben hier noch keinen Minnesänger!" Das
war logisch. Abstimmung. „Frauenlob" war angenommen. Sei-

del hatte noch nie eine Zeile von diesem verschollenen Dichter gelesen, nur sein gelehrter Lehrer Latendorf hatte den Namen einmal erwähnt. „Frauenlob? Lieber Himmel! Wer war das?" fragte er Eggers. „Der hieß eigentlich Heinrich von Meißen und hat sich mit dem Meistersinger Barthel Regenbogen ein Trink-duell geliefert um die Frage, ob man im Minnesang die Frauen Frauen oder besser Weiber nennen solle, wie Walther von der Vogelweide es tat." – „Und wer gewann?" – „Natürlich Frauen-lob, deswegen heißt er ja so. Und als er starb, trugen ihn die edlen Frauen von Mainz zu Grabe und begossen sein Grab mit Rheinwein!" – „Keine schlechte Beerdigung!" – „Das will ich meinen, Frauenlob!"

So wurde Seidel Mitglied des Tunnels und blieb es, auch wenn der Verein nach und nach zu versanden begann. Nach seinem Vortrag und seiner Erwählung und nachdem Rauchen und Trin-ken wieder freigegeben waren, saß Seidel mit Stinde, Eggers und dem alerten Herrn Kücken zusammen: „Wie nennt man denn Sie, Herr Hofkapellmeister?" fragte Seidel den galanten kleinen Herrn aus Schwerin. „Beethoven!" erklärte Kücken mit einem gewissen Stolz; vielleicht glaubte er gar an die dieser Bezeichnung anhaftende Ehre, ohne den ihr auch innewohnen-den leisen Spott zu bemerken oder bemerken zu wollen. Immer-hin hatte Kücken ja ein halbes Dutzend Opern geschrieben und ein paar Gedichte Heines vertont. „Haben Sie Gedichte, junger Freund? Nur her damit, ich mach' ihnen Töne!" – „Meine Gedichte sind noch zu schlecht für Ihre Töne, Herr Hofka-pellmeister", antwortete Seidel und dachte an das wirklich sehr schöne Lied „Ach, wie ist's möglich dann …", dessen Komponist zu sein Kücken vorgab. Er hatte, wie in der „Gartenlaube" zu lesen gewesen war, sogar darum prozessiert und gewonnen.

Eine elegant manikürte Hand mit schwerem Ring schob sich zwischen Kückens und Seidels Köpfe. Sie hielt ein zierlich in Rot und Gold gebundenes Büchlein. „Ich habe es Ihnen dediziert, Frauenlob!" sagte der Baron zu Putlitz und legte sein Märchenbüchlein vom erzählenden Wald vorsichtig auf die weinbekleckerte Tischplatte. „Lassen Sie unbedingt drucken, Ihre Geschichte! Sehr schön, sehr schön, wirklich!" Der Baron wandte sich zum Ausgang und sagte ein drittes Mal, schon im Weggehen, zu Seidel hin: „Sehr schön! Wirklich!" „Habe ich es nicht gesagt?" Eggers nahm das Büchlein und schlug es auf. „Zweiundzwanzigste Auflage! Donnerwetter! Die Waldnummer zieht noch, wie man sieht. Ja, druckenlassen! Geh doch mal hin zu den Brüdern Paetel in der Kronenstraße, nimm das Waldbuch mit Putlitzens Widmung mit und zeig ihnen den ‚Rosenkönig'! Mehr als fragen kann man nicht …"

Seidel sah sich zu seinem Erstaunen plötzlich von Eggers geduzt. „Genug mit dem Herrn Professor, lieber Freund. Wir Mecklenburger müssen zusammenhalten. Man nennt mich Friede Eggers, im Unterschied zu meinem Bruder, der heißt Kalle Eggers. Und schließlich haben wir die gleiche Muttersprache, und da dieser Umstand ebenso auf den Stinde zutrifft, wollen wir auch ihn in unseren plattdeutschen Männerbund aufnehmen. Prosit, Heinrich, Prosit, Julius!" – „Prosit, Friede!" Sie stießen an; der Wirt stellte einen frischen Krug zu dem schnell geleerten

139

ersten auf den Tisch. Kücken verabschiedete sich bald; er hatte wohl bemerkt, daß von seinen Opern heute keiner mehr etwas hören wollte, und Plattdeutsch war ihm auch nicht so geheuer.

Stinde, ein kleiner, breitschultriger Mann mit einem rot behaarten Schädel, sprach tatsächlich platt. Julius Stinde war nur ein knappes Jahr älter als Seidel. Er stammte aus Eutin und hatte dort das ziemlich berühmte Gymnasium besucht, das ihm ähnlich verleidet war wie Seidel die Schule in Schwerin. „Jeden Tag hauten sie uns den ollen Voß um die Ohren!" sagte Stinde. „Ich konnt's nicht mehr hören. Und sie erhoben die Hände zum lecker bereiteten Male. Zum Kotzen." Seidel widersprach. „Mir gefiel der Voß gut, Julius. Und der verständige Jüngling Telemachos sagte dagegen …" – „Jaja, Heinrich. Aber jeden Tag, ümmerßu und wieder, wie sie in Hamburg sagen."

Stinde hatte einen seinem, Heinrichs, Lebenslauf ganz ähnlichen Weg genommen und war, statt in eine Eisenbahnwerkstätte, als Lehrling in eine Apotheke gegangen. Ach, Lübeck war doch schön … Später hatte er dann, auch darin Seidel vergleichbar, doch noch ein „anständiges Studium" absolviert und in Jena seinen chemischen Doktor gemacht. In Hamburg war er für zwei Jahre so etwas wie ein „Werkführer" in einer chemischen Fabrik, wieder, wie Seidel, zwischen „denen da oben" und „denen da unten", zwischen Werkdirektor und den „Leuten", wie man die Arbeiter nannte. Dann hatte er im schwanken Gang zwischen Wissenschaft und Kunst die rissigen Dielen der Redaktion des Hamburger „Gewerbeblattes" als „Chef" betreten, trug sich aber schon lange mit dem Gedanken an die

Übersiedlung nach Berlin, wo eine vorteilhafte Heirat winkte; ein Fräulein Julie, Tochter eines Essigfabrikanten, war, wie Stinde es nannte, „als Fliegerfänger" ausgelegt, und er, Stinde, war die Fliege. Julie und Julius – klang das nicht gut? Hübsch war sie auch und einzige Tochter dazu. So mußte der passende Schwiegersohn gefunden werden. „Das Anilin hat ja Runge schon entdeckt!" sagte Stinde und lachte. „Da muß ich denn wohl Essig kochen!" Spät verließen sie den Tunnel. „Und dichte was Schönes, Frauenlob!" schrie Eggers, leicht besäuselt, der Droschke nach, die die beiden Spagatkünstler in den Berliner Norden brachte.

So gewann Seidel nach und nach sein Berliner Gefühl, wie er es nannte. Alles ordnete sich zu einer Zugehörigkeit, in die auch wechselnde Wohnungen und neue Bekanntschaften Ablenkung brachten. Drei Dinge geschahen im Jahre 1870, die für Seidels Leben in Berlin von Bedeutung waren: Sein Kontrakt bei Wöhlert lief ab, und er nahm das Angebot der Magdeburg-Potsdam-Berliner Bahngesellschaft an. Seine Novelle „Der Rosenkönig" erschien tatsächlich bei den Gebrüdern Paetel als Buch – als „Büchlein", wie er für sich selbst berichtigte – und wurde mit einer Feier bei Eggers tüchtig begossen. Und der Krieg mit Frankreich brach aus. Er war nicht felddiensttauglich und erfuhr durch einen Bescheid des Königlich-preußischen Wehrersatzamtes, daß er statt dessen für die Dauer des Krieges seinen Arbeitsplatz beim Potsdamer Bahnbaubüro nicht verlassen dürfe, da er dort eine für die Kriegführung wichtige Tätigkeit ausübe. Tatsächlich kamen Aufträge in sein Konstruktionsbüro, die mit der Tragfähigkeitsverstärkung von Brücken für geplante Geschützbeförderungen, mit der Anlage von Anschlußgleisen für Kasernen und Fouragerien und mit dem Umbau, ja sogar der versuchsweisen Panzerung von Lokomotiven zu tun hatten. Er hatte jetzt genügend Untergebene in seinen vier Zeichensälen und seinen Ingenieurbüros, so daß er die kriegswichtigen Arbeiten tatsächlich schnell und bevorzugt erledigen lassen konnte. Sein Bart war inzwischen ausgewachsen und zu einem gehätschelten Pflegekind des Barbiers Möckel herangediehen, der allerdings die ersten grauen Fäden darin fand und den Kopf schüttelte. „Sie sind doch noch keene Dreißig nich, Herr Seidel! Und schon jrau! Und uff'n Kopp scheint ooch schon der Mond durch. Nehm' Se mal Piesewotzkis Haartinktur, ich massier se Sie in, dat hilft!" – „Ja, Ihnen, Möckel! Na, meinetwegen!" Es half nicht. Möckel stutzte den Bart mit einer Pappschablone auf Kante. „Herr Seidel" stand auf der Pappe, die, wie die Schnittmuster beim Schneider, neben dem Spiegel mit vielen anderen am Nagel hing. „Jedem sein eijenet Sauerkraut!" sagte Möckel.

Der Bart war nicht nur Zierde, sondern auch Schutz. Er verbarg die Regungen des Gesichts, verdeckte die Schmißnarbe völlig und gab dem ohnehin strengen „Chef", wie seine Herren im Büro vom Lehrling bis zum Oberzeichner ihn nannten, einen unnahbaren Anstrich. Aber hier wußte keiner vom „Rosenkönig" – entweder, sie lasen nicht, und wenn, dann hielten sie ihren Herrn Seidel nicht für jenen Herrn Seidel. Seidels gab's viele, und Heinriche noch viel mehr. Persönlichen Umgang mit seinen Arbeitskollegen vermied Seidel. Er hatte inzwischen genügend Freunde und hütete sich, seine privaten mit den dienstlichen Dingen zu vermischen.

Der Krieg machte ihn verdrießlich. Nicht, daß es ihm an patriotischer Gesinnung gemangelt hätte. Das war alles schon richtig so. Seiner besorgten Mutter ließ er Tröstungen zukommen. Jeder seiner Wochenbriefe klang zuversichtlich, man habe ja Bismarck, liebe Mutter, der werde es schon richten. „Die Zeit der Rache für diesen Napoleon ist endlich gekommen", schrieb er ihr, und: „Hast Du die Thronrede des Königs gelesen? Sie hat hier allgemeinen Beifall gefunden." Die Verdrießlichkeit hatte andere Gründe – poetische. Die Zeitungen wollten jetzt keine poetischen Sachen, keine Märchen und keine Naturgedichte. Alles mußte kriegerisch sein, alles mit Hurra! und Tschingderassabum. Das mochte er nicht, und schreiben mochte er so etwas schon gar nicht. Im Nachbarhaus in der Kesselstraße war ein Ehepaar, das hatte zwei Söhne, Zwillinge, an einem einzigen Tag des Vormarschs verloren, und nicht einmal durch feindliche Kugeln, sondern durch eine Pulverexplosion, die ein betrunkener Wachtmeister verschuldet hatte. Aus der Invalidenstraße berichtete der Leichenwärter Kröger von einem jungen Mädchen, das bei der Nachricht vom Heldentode ihres Verlobten aus dem Fenster gesprungen sei, und daß er, Kröger, in der Anatomie seit dem Beginn des Krieges Leichen gesehen habe, die direkt vom Schlachtfeld zur wissenschaftlichen Untersuchung in die Charité gesandt worden seien, „nee, Herr Seidel, ick heww woll veel seih'n, oewer sowat – nee, Herr Seidel, Jammer oewer Jammer, de armen Jungs, as Hackfleesch leegen se in dat

bläudige Is. Kanonenfutter …" Wie stets drehte auch jetzt
Seidel die ihm auffallenden Sätze und Wörter her und hin in
seiner Phantasie. Abends notierte er ins Merkbuch: „Welches ist
das teuerste Futter? Kanonenfutter. Idee zu einem Märchen: Der
König fütterte seine Lieblingskanonen …" Auch der Leichenmaler Skarbina, genannt Bruske, war zum Kriegsdienst eingezo-
gen gewesen und kehrte schon nach sechs Wochen ohne Ring-
und Kleinfinger der linken Hand zurück. Seidel traf ihn im
Hausflur, die lädierte Hand bandagiert. Er lachte scharf. „Glück
gehabt, Seidel, wir zwei. Sie konnten zu Hause bleiben, wofür
Sie Ihrem Schöpfer danken sollten, und mich hat's zwei Griffel
gekostet … Na, 's ist ja die Linke, gottlob! Sonst hätt' ich mir
einen Strick nehmen können!" Skarebina schleppte ihn durch
den Torweg und über den Hof an der Werkstatt des Sargtischlers
vorbei in sein „Atelier", wie er die schiefe Bude nannte, die an
die Gartenmauer angebaut war. Das kalte Licht der Nordfenster
fiel auf die gespenstische Szene. Gipsmodelle antiker Statuen
staubten im Regal. „Brauch' ich nicht mehr, Seidel, hab' Besseres gesehen … Ich geh' jetzt jeden Tag in die Anatomie. Sehen
Sie mal!" Auf einer Staffelei stand das angefangene Bild aus der
Welt der Morgue, das Skarbina schon vor dem Krieg begonnen
hatte und das er nun fertigstellen wollte: Auf einem gemauerten
Tisch, von einer grellen Gaslampe beleuchtet, lag die mit einem
nassen Tuch halb verdeckte Leiche einer jungen Frau, eine
Wasserleiche. „Jetzt weiß ich, warum ich das Bild malen mußte.
Solche wie die ziehen sie jetzt jede Woche aus der Spree. So
hängen ihnen die Haare über die toten Augen. Dieser Schoß wird

nicht mehr gebären. Durch diesen Rosenmund kriechen die Würmer. Das ist der Krieg, Seidel, der Krieg!" Er entkorkte eine Schnapsflasche und trank. Seidel schüttelte ablehnend den Kopf. „Sie trinken zuviel, Bruske!"

Skarbina nickte, „Det jibt sich wieder!" sagte er, gewollt berlinernd und gewollt munter. „Aber noch hab' ick wat 'runterzuspülen, Sie Rosenkönig, Sie. Wissen Sie nicht 'n Walzwerk oder 'ne Gießerei? Menzel will so was malen; ich soll dem Meister Milieustudien liefern. Ist mir ja 'ne Ehre, aber wo kommt man an so etwas? Ohne daß man hinausgeworfen wird?" – „Die Spionenfurcht geht um, Bruske. Warten Sie lieber, bis Bismarck den Sieg in der Tasche hat, dann wird alles wieder leichter. Ach nee, was ist denn das …?" Seidel sah aus dem Fenster des Ateliers in den Hof des Sargmachers. Da spielten die Kinder Familie, und eines, das kleinste, hatten sie gerade schlafen gelegt in einem noch halbfertigen Sarg, auf Hobelspäne gebettet. Es krähte fröhlich aus der schauerlichen Kiste. Der Sargmacher stand, sein Vesperbrot kauend, großmütig und grinsend daneben. „Wat det is, Seidel? Na, Mann, det is det Leben …", sagte Skarbina und nahm noch einen Schluck aus der Flasche. „Na?" fragte er und hielt Seidel die Flasche hin. Der trank nun auch, schon um Skarbina nicht zu kränken, von dem scharfen Zeug und schüttelte sich und beschloß, dieses Genrebild zur Vorlage für eine Novelle zu nehmen: der Leichenmaler, das Bild der Selbstmörderin aus der Morgue der Charité, die Vatermutterkind spielenden Gören, der Sarg, in dem der blonde Dreijährige sich fröhlich in den Hobelspänen sielte. Das ist das Leben,

Bruske ... „Ich seh' mich mal um nach 'ner Gießerei, Bruske, Tschüß!" – „Tschüß kommt von Adieu, und det is französisch, und französisch spricht jetzt keen juter Deutscher, Rosenkönig!"

Seidel lachte. „Viel Glück, Bruske! Ich ziehe nächstens um, näher an meine neue Arbeit, in die Hirschelstraße 106. Und wenn Sie das Bild fertig haben, lassen Sie's mich wissen. Soll es auf die große Ausstellung?"

Der Leichenmaler fäustelte den Korken in die Flasche. Der bandagierten Linken wegen klemmte er sie zwischen die Knie, fummelte den Korken in den Hals und schlug mit der rechten Faust zu. „Genug gesoffen, Bruske. Tu was!" sagte er zu sich selbst, während Seidel die Tür hinter sich zufallen ließ. König Wilhelm gewann den Krieg; niemand hatte auch nur einem Moment lang daran gezweifelt. Die Kaiserproklamation im Spiegelsaal zu Versailles ließ Wilhelm von Anton von Werner malen, schon wegen der Uniformen, die Werner „so gut konnte". Menzel hatte dankend abgewinkt, und Skarbina, der Leichenmaler, wurde gar nicht erst gefragt.

Seidels neue Wohnung in der Königgrätzer Straße, wie die Hirschelstraße seit paar Jahren hieß, unterschied sich von jener bei der Professorenwitwe nur wenig; auch hier waren es zwei möblierte Zimmer, die nach hintenhinaus auf einen Garten gingen. Auch hier gab es eine distinguierte Dame des Hauses, die wohl wegen ihres leichten Gehfehlers unverheiratet gebliebene, jetzt vierzigjährige, charmante und gebildete Madame de La Motte, eine wirkliche Nichte des dichtenden Barons, deren geräumige Etage nicht, wie bei der Professorin, mit Klamotten und Gerippen, sondern mit Bildern und Uhren, Büchern und Nippes angefüllt war.

Der erste Brief, den Seidel nach seinem Einzug bei Madame de La Motte erreichte, kam aus Husum und trug das Siegel Theodor Storms. In einem Anfall von Tollkühnheit hatte Seidel dem Meister den „Rosenkönig" gesandt und dazu eine Handvoll Gedichte, von denen er einige für gelungen hielt. Er hatte nicht damit gerechnet, daß Storm ihm überhaupt antworten würde. Nun lag da der Brief auf dem Tisch unter der summenden Lampe. Seidel legte den Rock ab, zündete sich eine Zigarre an und setzte sich auf den hohen, gepolsterten Stuhl mit der unbequemen Rückenlehne, deren Holzschnitzereien ihm stets so penetrant in den Rücken stachen, wenn er sich anlehnen wollte. Ein Stuhl zum Nichtanlehnen. Er läutete nach dem Mädchen – ja, vornehm ging's zu im Hause de La Motte – und bestellte Kaffee. „Denn wenn dei Mensch keinen Kaffee kriegt, denn sall hei woll de Lust an't Leben verlieren!" zitierte er sich selbst aus dem Merkbuch und schlitzte den Brief auf. Was würde der gefaltete gelbliche Bogen bringen? Die Bitte, ihn, Storm, doch künftig mit derlei „Geschreibsel" zu verschonen? Oder ein fades, nichtssagendes Halblob nach dem Motto „Sie singen wirklich 'ne schöne Handschrift"?

Das Mädchen brachte den Kaffee. Es knickste. „Die gnädige Frau bittet Sie nachher auf einen Tee, Herr Seidel!" – „Aber Metakind, ich trinke doch jetzt Kaffee!" – „Das macht nichts, Herr Seidel, dann serviere ich eben Pomeranzenlikör, den die

147

gnädige Frau so liebt!" Sie knickste wieder und verließ das Zimmer. Seidel, immer noch den Brief ungelesen in der Hand, dachte darüber nach, weshalb sich Madame de La Motte eigentlich immer „Gnädige Frau" nennen ließ, sie hätte doch, dem Familienstand nach, den Anspruch auf die Anrede „Gnädiges Fräulein" ... Der Gedanke an seine Hausherrin war Seidel nicht unangenehm. Eine schöne Frau, gepflegt, belesen ... Eine ganz winzige Neigung zu früher Fülle hielt ihre Haut straff, kurzum: sie war ein appetitliches Wesen, die Madame de La Motte, und sie hatte große, braune Kirschenaugen, die ihm zusetzten. Mensch, Seidel, fuhr er sich an, sie ist vierzig und hinkt ... Der andere Seidel in ihm zerstreute solche Bedenken sogleich. Das mit dem Hinken – na und? Zugegebenermaßen hinkte sie sehr charmant und benutzte dazu ein zierliches Gehstöckchen mit einem neckischen silbernen Knauf, der einem Taubenköpfchen nachempfunden war. Er nahm einen Schluck Kaffee, sog an seiner Zigarre, besann sich nun endlich, dieses edle Kraut zu Ehren Storms angezündet zu haben, und faltete den Bogen auseinander.

Nein, Storm winkte nicht ab und lobte nicht weg. Zum „Rosenkönig" kein Wort. „Ihre Gedichte berühren mich allerdings anders als die meisten, die mir dann und wann von jungen Dichtern zugesandt werden. Am meisten scheint mir Ihr Talent (Ihr Talent, schrieb Storm, und Seidel las das Wort zweimal) sich für die stimmungsvolle Schilderung und für das sangbare leichte Lied zu eignen ..." Von der Prosa nichts. Merkwürdig. An den meisten der eingesandten Gedichte leise, aber deutliche, punktgenaue Kritik: Dies zu oberflächlich, dort zu zaghaft. Das Bild ist falsch. Der hatte ja wirklich jedes Gedicht gelesen, jede Zeile. Der große Storm da oben in seinem nebligen Husum. Der ihn hinriß mit jeder Zeile, die er las. „Wohlverstanden: ich rate nicht ab, ich rufe Ihnen nur zu: tiefer, schlagender, knapper! Du lieber Gott, es werden so viele schlechte Verse gedruckt. Und alle guten, die wir besitzen, gehen in einen mäßigen Band hinein …" Tiefer, Schlagender. Knapper. Ich rate nicht ab. Seidel wendete den Bogen um. „Wollen Sie drucken lassen: die oben angezeichneten Sachen ‚Aus sonnigen Tagen' und auch ‚Im März' sind allerliebst." Und dann noch: „Es sollte mich herzlich freuen, wieder einmal von Ihnen zu hören.   Th. Storm"

Ob er ihm die Geschichte vom Leichenmaler senden könnte? Oder die Märchen, die er geschrieben hatte so nach und nach? Den Hans Peiter Semmelmann, das Zauberklavier? Wie war Storms Brief zu deuten? Als Aufforderung, mit dem Schreiben fortzufahren? Doch wohl, sonst hätte er nicht die Hoffnung geäußert, wieder von ihm zu hören …

Seidel ging hinüber in den Salon. Die Tür stand ein wenig offen. „Oh, Herr Seidel, nur herein!" rief Madame de La Motte aus ihrem Sessel, an dessen rechte Armstütze das Gehstöckchen gelehnt war. „Nehmen Sie doch Platz, bitte!" Sie schenkte aus einer zierlichen Karaffe die stark duftende, golden-ölige Flüssigkeit ein, die als „Pomeranzenlikör" eben Berlins Damenwelt im Sturm eroberte. Ein Branntweinbrenner namens Bogumil Gilka hatte entdeckt, daß es an einem wirklichen Damengetränk

149

fehlte, und hatte zu Ehren der Kaiserin Augusta dieses kapriziöse Tröpfchen kreiert. Die Berliner Damen, die sowohl die Kaiserin Augusta als auch die Volksküchengründerin, Frau Lina Morgenstern, verehrten und beider soziale Bestrebungen während des Krieges unterstützen, empfanden so etwas wie Emanzipation beim Genuß des Likörs und würzten, während man aus Berta von Suttner vorlas, ihre Kränzchenstunden mit Herrn Gilkas Erfindung. Später allerdings bemerkte Bogumil Gilka, daß an den Männern mehr zu verdienen war, legte sich auf Kümmelschnaps und wurde damit weltberühmt und reich.

Madame de La Motte trank Seidel zu und wies auf ein Stapelchen kleiner Bücher. „Ihr ‚Rosenkönig‘ macht Furore, Herr Seidel! Ich möchte meinen Damen bei meinem Donnerstagzirkel daraus vorlesen und bitte Sie, ihnen Ihren Namen in das Buch zu schreiben. Macht es Ihnen etwas aus?“ Natürlich machte es Seidel nichts aus. „Oder wollen Sie selbst vielleicht die Vorlesung …“ – „Oh, bitte nicht, liebe gnädige Frau, bitte nicht. Ich fürchte, ich gerate ins Stottern!“ – „Sie? Ins Stottern? Ach, Sie sind ein Schelm, Herr Seidel! So ein Mann wie Sie wird doch nicht wegen einiger literarisch beflissener Damen ins Stottern geraten! Aber mir, mir allein, meine ich, lesen Sie wohl ein Stückchen vor, damit ich mir Ihre Betonung anmerken kann?“ Sie kullerte ihn mit ihren Kirschenaugen an und schenkte nach. Einerseits war Seidel der Doppelkorn des Leichenmalers doch ein sympathischeres Getränk als diese goldfarbenen Zuckertränen, aber andererseits … Ablehnen konnte er nicht, nicht das Lesen und nicht den Likör, und so nahm er sein Buch, schlug's auf und las. „Den Schluß, Herr Seidel, bitte, nur den Schluß!“ Und so las er den Schluß. „Denn das Herrlichste, was der Mann auf dieser Welt erlangen kann, das ist ein liebes, schönes und getreues Weib; denn die wahre Liebe ist das Bleibende, Bestehende, der stille schöne Stern …“ Frau de La Motte seufzte tief und hingegeben an den Genuß des Zuhörens, und Seidel fiel dummerweise gerade jetzt ein, daß er eigentlich, seinem Tunnelnamen getreu, das Wort „Weib“ durch das Wort „Frau“ ersetzen müßte, aber seine Zuhörerin fand nichts daran auszusetzen. „Ach, Herr Seidel, und nun noch die Stelle in der Mitte, die zufällige Begegnung … Bitte!“ Seidel las. „Einmal ist sie mir wirklich begegnet, dicht bei ihrem Hause, als ich gerade nachsinnend vor mich hin sah und an gar nichts dachte. Aufschauend begegnete ich flüchtig dem Blick ihrer braunen Augen, so daß ich vor Überraschung ganz rot wurde, und vorüber war sie.“

Es wurde ein langer, ein sehr langer Abend. Dem Pomeranzenlikör folgte ein feiner Mosel, und diesem eine Flasche Champagner, deren Öffnung durch ihre Umständlichkeit zu Weiterungen führte, die wir hier übergehen wollen. Seidel jedenfalls fand später in seinem Zimmer den kleinen Gehfehler der Madame de La Motte regelrecht entzückend. Sie hieß, wie er zum rechten Zeitpunkt erfuhr, Marie-Antoinette.

151

Im Konstruktionsbüro fand er, noch etwas unausgeschlafen, am anderen Morgen ein Billett des Eisenbahnministers vor. Er möge zu einem Gespräch erscheinen. Er erfuhr, es sei die Errichtung eines völlig neuen, sehr großen Bahnhofs am Askanischen Platz geplant, der nach einer gegebenenfalls nötigen Zusammenlegung der Berlin-Potsdamer Eisenbahn und der Anhalter Eisenbahngesellschaft die Gesamtheit des von Südwesten und Südosten in die Reichshauptstadt einlaufenden Schienenverkehrs bündeln solle. Der Kaiser selbst habe die Aufgabe gestellt. Man würde einen Baustab bilden, dem die besten Ingenieure, Architekten und Techniker Berlins angehören sollten. Der Architekt Professor Franz Schwechten, wie Seidel eben dreißig Jahre alt, sei als Hauptbaumeister vorgesehen. Er, Seidel, solle die Aufgaben des Stahlbaus lösen. Hier sei der Vertrag. Die Konditionen seien die besten. Er habe zwei Tage Bedenkzeit, könne am 1. September 1872 seinen neuen Auftrag übernehmen und bis dahin seine noch anstehenden Arbeiten für die Potsdamer Bahn erledigen. Der Staatsrat gab ihm die Hand. „Wir zählen auf Sie, Seidel!"

Mit ziemlich weichen Knien ging Seidel nach Hause. Auf das Büro mochte er jetzt nicht. Madam de La Motte war erstaunt. Frisch wie immer trat sie aus ihrem Salon, „Ja, Herr Seidel?" fragte sie kokett, als das Mädchen ihm den Überrock abnahm. „Ja, Herr Seidel? Ist Ihnen vielleicht etwas nicht bekommen? Ist Ihnen unwohl?"

Seidel war froh, daß die nächtliche Champagner-Romanze mitsamt ihrer heiklen Fortsetzung in Frau de La Mottes Denken offensichtlich weniger prägende Spuren als in dem seinen hinterlassen hatte. „Aber nein, liebe gnädige Frau", sagte er verbindlich und lächelte durch seinen Bart, „ganz im Gegenteil. Kommen Sie ans Fenster. Sehen Sie dort hinten hinter dem Askanischen Platz das große freie Feld? Auf dem immer die Männer mit den Meßlatten herumstochern? Ja? Dort will der Kaiser Berlins größten Bahnhof hinhaben, und Schwechten und ich sollen ihn bauen!" – „Ja, nehmen Sie an?" – „Ich habe zwei Tage Bedenkzeit, aber ich weiß nicht recht. Werde ich es annehmen?" – „Aber ja, Herr Seidel!" Und als das Mädchen den Mantel an die Garderobe gehängt und die Diele verlassen hatte, trat Madame de La Motte ganz nahe an Seidel heran und sagte leise und bestimmt: „Du schaffst das, mein Bär. Du schaffst das, Heinrich Seidel. Und ich helf' dir, wo ich kann." Dann trat sie wieder zurück. „Sie sind zu nichts verpflichtet, mein Freund. Höchstens mal ein Vorlesestündchen, falls Sie noch zum Dichten kommen, das darf ich doch erwarten."

Es schellte an der Tür. Ein Bote war da. „Ein Brief für Herrn Seidel!" Er empfing einen Silbergroschen, dienerte und ging. Das Billett hatte einen schwarzen Rand. Friedrich Eggers war, wie sein Bruder Karl mitteilte, plötzlich und unerwartet, erst zweiundfünfzig Jahre alt, am Schlagfluß gestorben.

Seidel stand und schwankte. „Friede" war tot? Dieser lebensfrohe, fröhliche Mensch plötzlich aus dem Leben? Für einen Moment empfand Seidel auch die Merkwürdigkeit, die seinem eigenen Leben anhaftete, daß namlich, wenn schon etwas geschah, alles auf einmal und gleichzeitig eintrat.

IV

*Nichts ist unwahrscheinlicher
als die Wirklichkeit*

(1875–1880)

„Nichts ist unwahrscheinlicher als die Wirklichkeit", hatte Seidel tatsächlich gedacht und notiert, als er am 28. August 1876 Vater wurde. Daß der Sohn Heinrich genannt werden würde, verstand sich von selbst, und als zweiten („Aber mehr bitte nicht, Agnes!") Vornamen wählten sie „Wolfgang", des beziehungsreichen Datums wegen. Heinrich Wolfgang Seidel: das klang doch gut.

Agnes, seine Frau, war selig und auch ein wenig stolz. Denn der „erste Versuch" hatte im Herbst vorigen Jahres, ein halbes Jahr nach der Hochzeit, mit einer Fehlgeburt geendet und sie fast das Leben gekostet. „Lassen Sie das Kinderkriegen künftig lieber bleiben, Frau Seidel!" hatte der Professor von der geburtshilflichen Abteilung der Charité gesagt. „Sie sind dafür nicht eingerichtet!"

Seidel und Agnes fanden die Bemerkung des Professors ziemlich taktlos, indes beschlossen sie, sich nicht daran zu halten. So erschien Heinrich Wolfgang, auch er zu früh, ein schwächliches Siebenmonatskind, und veränderte das Leben seiner Eltern vollständig.

Den Anstoß zu solcher Veränderung erfuhr Seidel im strengen Winter 1874. Nach Friedrich Eggers' unvermuteten frühem Tod hatte er sich enger an dessen Bruder Karl angeschlossen, den langbärtigen Rübezahl, der ihn in seiner vertrackten Weltsicht an E. T. A. Hoffmann erinnerte. Wie Hoffmann war ja auch Eggers Jurist im höheren Staatsdienst gewesen und sah das Leben und Treiben der Menschen als Philosoph an. In seinem Hause verkehrten nun die Freunde, die zuvor bei Friedrich ein-

und ausgegangen waren. Karl zuckte die Schultern: „Ich habe
diese Bande geerbt!" sagte er und lächelte unter seinem Bart-
gestrüpp, was nur Kenner an seinen Augen sehen konnten. Zu
seinen stillen Vergnügungen gehörte es, die von seinem Bruder
nachgelassenen Gedichte zu überarbeiten und mit neuen Einfäl-
len und eigenen Versen zu durchmischen. Dabei handelte es
sich merkwürdigerweise ausschließlich um plattdeutsche Dichtungen, als würde die Sprache den traumwandlerisch im brüllenden Berlin lebenden Karl Eggers wie das schützende Haus
die Schnecke stets begleiten. Karl Eggers war ziemlich vermö-
gend und konnte es sich leisten, als Privatgelehrter ausschließlich seinen Neigungen zu leben. Diese Neigungen waren gedrit-
telt: An erster Stelle stand die Kunstgeschichte, an zweiter die
Stenographie und an dritter die Poesie. Alle drei waren einer
Generalveranlagung untergeordnet, die seine dritte Frau (stets
von ihm „Mutter" genannt, obschon sie keine Kinder miteinander hatten) zwar teilte, aber doch mit sicherem weiblichen
Instinkt gelegentlich zu bremsen wußte, nämlich die zur Wohl-
tätigkeit. Dabei war Eggers nicht wahllos; er guckte sich junge
Künstler und mittellose Dichter aus, denen er auf die Sprünge
half, indem er ihnen Aufträge und Verleger besorgte, er hielt ein
offenes gastliches Haus, dem er in patriarchalischer Würde und
meist schweigend präsidierte, und er hatte die Gabe, die Mimi-
kry des „guten Onkels" nicht nur anzunehmen, sondern wirklich „guter Onkel" zu sein. Dabei half ihm, daß er tatsächlich
aussah wie der Weihnachtsmann. Diese Ähnlichkeit blieb auch
'en Abgesandten des Plattdeutschen Vereins zu Rostock nicht

verborgen, die ihn zu ihrem Ehrenvorsitzenden gewählt hatten. „Wi hebben den Wiehnachtsmann rümkregen!" schrieb der Schriftführer des Vereins, Karl Lammers, in sein Tagebuch.

An jenem Abend 1874, als Seidel Eggers' Wohnung betrat und, sich die frostklammen Hände reibend, zu der versammelten Abendgesellschaft stieß, begegnete er – tatsächlich immer alles auf einmal – drei für sein ferneres Leben bedeutsamen Menschen zum ersten Mal. Von dem einem hatte er schon längst gehört und gelesen und seine eigenen dichterischen Versuche an dessen meist ziemlich frechen, vor allem aber stets irgendwie spielerisch leichten Texten gemessen und ihn um die Eleganz beneidet, mit der er die Alltäglichkeiten der verrückten Stadt Berlin im „Kladderadatsch" oder in der „Montagszeitung" glossierte. Der las jetzt, als Seidel eintrat, gerade eine solche Glosse vor, in der die an die Zwillingsschwester des Autors gerichtete Frage lautete: „Wie findest du Berlin, Johanna?" und die Schwester antwortete: „Pauvre!" Der Mann hieß Johannes Trojan, ähnelte in seinem Äußeren irgendwie Seidels Tunnelbekanntschaft Julius Stinde und sprach ein Berlinisch wie ein Danziger Hausknecht. Beim Vorlesen ließ er sich durch Seidels Eintreten nicht stören. Er hob nur den Kopf, löste den Blick eine Sekunde lang von seinem Blatt und kniff ein Auge zu, als wolle er den Neuankömmling wie einen willkommenen Komplizen begrüßen. Der kennt mich, dachte Seidel, und ich kenn' ihn auch, nur wir kennen uns noch nicht. Er setzte sich und ließ die Augen über die Anwesenden wandern. Hinten saß Fontane. Der von Trojan vorgetragene süffisante Text schien sich in seinen Zügen zu spiegeln, der kurze Schnurrbart zitterte, die dünne Braue hob sich, die scharf rasierte Wange blies sich auf im Rhythmus des Atems. Nur das Auge blieb kühl, tief und sphinxenhaft. „Na, bravo!" sagte Fontane, als Trojan geendet hatte. War das als Lob hinzunehmen oder galt es nur, vielleicht gar ironisch gemeint, dem Schlußsatz des vorgetragenen Feuilletons? Der lautete nämlich: „Manchmal muß ich in tiefster Beschämung eingestehen: Dieses Berlin hast du eigentlich gar nicht verdient!"

„Na, bravo!" sagte Fontane, die Anwesenden applaudierten. „Sie sind Seidel, nicht wahr?" sagte Trojan mit dem Danziger Kutscherdialekt. Seidel nickte. „Wann haben Sie denn den Bahnhof fertig? Können wir in unserem gegenwärtigen Leben noch damit rechnen, mit seiner Hilfe dieses garstige Krähennest Berlin zu verlassen?"

Seidel schüttelte den Kopf. „Das erste weiß ich nicht, das zweite glaube ich nicht." Eggers stellte ihn Fontane vor. Der sah aus seiner lässigen Sitzhaltung zu ihm auf und nickte ihm zu. „Der Herr Rosenkönig, nicht wahr?" Seidel nahm in der kurzen Distanz und im Moment der Vorstellung das interessante Gesicht des ziemlich berühmten Schriftstellers auf, dessen „Krieg gegen Frankreich" soeben erschienen war. Seidel hatte das Buch mit dem erstaunten Eindruck von sachlicher Kühle gelesen, die von den Kriegsschilderungen ausging, so als habe der Berichterstatter alle die Schlachten und Geplänkel aus der Vogelperspektive miterlebt und angesehen. Die ziemlich langen borstigen Barthaare wölbten sich von der Ober- über die Unterlippe und gaben dem Gesicht Fontanes einen merkwürdig proletarischen Zug,

159

der in geheimnisvollem Gegensatz zu der eleganten Erscheinung stand. Auf jeden Fall fühlte sich Seidel an John Brinckman erinnert, irgendeine Ähnlichkeit war auszumachen, und sie schwang auch in der leise ironischen Färbung seiner Rede mit, als Fontane sich nun doch erhob, ihm die Hand gab und, ihn von oben bis unten freundlich musternd, sagte: „Ach doch, junge blonde dichtende Ingenieure aus Mecklenburg sind eine Spezies, die unserem Freunde Karl in seiner wohlsortierten Sammlung bisher noch fehlte! Ich glaube, jetzt gibt es Punsch!" setzte Fontane die Verlegensheitstirade zufrieden fort. „Dort erscheint Fräulein Agnes!"

In diesem Augenblick betrat Agnes Becker den Lebensraum Heinrich Seidels. Sie war sehr schlank, trug ein enganliegendes schwarzes Kleid mit weißem Kragen und balancierte, die Zunge zwischen den Lippen, ein volles Tablett mit dampfenden Punschgläsern zur Tür herein, während „Mutter" Eggers, eine füllige, ungemein liebenswürdige und allseits verehrte Matrone, eine Schüssel ihrer berühmten selbstgemachten Berliner Pfannkuchen hinterhertrug, goldbraune, zuckerbestreute, noch warme Schmalzkuchenkugeln, die sie mit Pflaumenmus gefüllt hatte.

Agnes mit ihrem Tablett traf als ersten auf Seidel, der sich auf Fontanes Bemerkung hin umgewendet hatte. „Mögen Sie?" fragte das Mädchen den blonden bärtigen Mecklenburger und sah ihm von unten her mit offenem Blick an. Es waren ihre Augen, die ihn sofort in Besitz nahmen. Er wehrte sich nicht. Er fühlte etwas, er wußte nicht, was. Es sprang ihn an. Das Mädchen im schwarzen Kleid. Der schlanke, weiße Hals. Das goldene

Kettchen. Das blasse, ovale Gesicht. Die dunkelblauen Augen. Das brünette gescheitelte Haar. Zwischen ihm und dem Gesicht des Mädchens war der wabernde heiße weingeistschwere Dampf aus den leise klirrenden Gläsern in ihren silbernen Einsätzen. „Ja, gern!" sagte er und nahm ein Glas und empfand fast so etwas wie ein Gefühl schmerzhafter Trennung, als sie sich von ihm ab- und den anderen zuwandte, ihren Punsch präsentierend. „Einen Pfannkuchen, Herr Seidel?" fragte auch schon „Mutter" Eggers.

Seidel hatte sich verliebt. Ein wenig war es wie damals mit Luischen Paeglow, aber doch anders. Er war ja wer. Er war der Ingenieur Seidel, der dem Kaiser das Bahnhofsdach baute, auch wenn es bislang nur in den Köpfen der Beteiligten existierte und auf den Zeichenbrettnotizen. Er war nebenher auch ein Dichter, von dem sogar der berühmte Fontane Notiz nahm und der Briefe empfing von Theodor Storm. Er war ja kein Nichts, kein mittelloser Lehrling mehr wie damals in Güstrow und schon gar kein alberner Kommersstudent wie zu Kometenhannchens Zeiten in Hannover.

„Mutter" Eggers, die als erste den Braten roch, klärte ihn noch am Abend „beiläufig" auf: „Meine Nichte, sie ist siebzehn. Ihre Eltern sind tot. Mein Bruder Gustav hinterließ ihr ein kleines Vermögen, Teehandel in Hamburg, Reederparten in Rostock ... Sie war im Internat, auch zwei Jahre in Heiligengrabe bei den Diakonissen. Aber Karl, mein guter Karl, konnt's nicht mit ansehen. Er hat sie an Kindes Statt angenommen und nach Berlin geholt. Sie ist scheu und zart und hat einen schwachen Magen, sie kann kochen und Englisch kann sie auch. Und die Pfannkuchen macht sie schon besser als ich."

Spät ging Seidel heim. Als Agnes in der Diele seinen Mantel halten wollte, nahm er ihn ihr weg, fast barsch. Wie zur Entschuldigung küßte er ihr die Hand. Sie knickste. Die Tür fiel zu.

Seine gelegentlichen „Vorlesestunden" bei Madame de La Motte stellte Seidel ein.

Während ihn die Arbeit fast auffraß, betrieb Seidel seine Verlobung mit Agnes Becker. Daß seine Braut nur halb so alt war wie er selbst, störte niemanden; nur die Verheiratung sollte doch, bitteschön, erst nach der Vollendung des achtzehnten Lebensjahres der Kandidatin stattfinden. Eggers, seine Rolle als künftiger „Pflegeschwiegervater" oder „Schwiegerpflegevater" auskostend, bot an, zur Abfeierung dieses Festes seine Wohnung zur Verfügung zu stellen, aber als Seidel ihm und Mutter Eggers klarmachte, was da über sie hereinbrechen würde, gewann Einsicht die Oberhand. Nein, die Hochzeit sollte in Schwerin stattfinden, bei Mutter Johanne Seidel in der Amtsstraße 5b. Sonst hätten sie hier in Berlin die „janze Hucke uff'n Hals", wie Trojan es in drastischer Deutlichkeit ausmalte, den halben Tunnel und das halbe Baubüro, und dann würden sich Seidels so ängstlich auseinandergehaltene Lebensbezirke doch bedrohlich vermischen.

„Am Sonntag war ich in Schwerin, und wir haben über den Vorschlag, die Hochzeit dort zu feiern, miteinander gesprochen. Meine Mutter ist gern dazu bereit und denkt auch, dieselbe bei Beschränkung auf die notwendigsten Teilnehmer in ihren Zim-

162

mern ausrichten zu können. Vor einer Hotel-Hochzeit hat sie einen Horror. Wie sie nun in ihren drei kleinen Puppenstuben die Sache zu Wege bringt, das ist ihr Geheimnis, allein bei meiner Mutter ist kein Ding unmöglich. Wir haben den Anfang Mai in Aussicht genommen", schrieb Seidel an Eggers. Einmal in Schwerin, suchte er am nächsten Tage auch gleich noch den Pastor Walter an der Schelfkirche auf, um die Trauung zu besprechen. Ein wenig seltsam war ihm doch, das alte Haus am Kirchenplatz wieder zu betreten und das Amtszimmer, in dem Vadding-Pasting gewaltet hatte. Das meiste war noch so wie damals, auch das Stehpult stand noch am Fenster, und im Regal spreizte sich immer noch, nur inzwischen um zwanzig Jahrgänge länger geworden, die goldrückige Reihe der Staatskalender, in denen man nachlesen konnte, wer gerade Pfarrer zu Lützow oder Gymnasialprofessor zu Schwerin war. Während er einen Moment auf den Kollegen seines Vaters warten mußte, nahm er den aktuellen Band des dicken Jahrbuchs aus dem Bord und schlug den Zeitkalender auf. Ja, Freitag, der 14. Mai, würde sich eignen. Gut, daß es nicht der 13. war; das hätten sowohl Mutter Johanne als auch seine Braut für ein schlechtes Omen genommen, denn beide waren abergläubisch. Sie gaben es zwar nicht zu; besonders Mutter Johanne nicht, als Pfarrwitwe! Mit dem 14. indes würden keine Bedenklichkeiten ausgelöst werden. Auch die Zahl der Gäste bei Tisch sollte keinesfalls die 13 sein; und man hatte fast knobeln müssen, um doch auf 14 zu kommen.

Ja, der 14. Mai sollte es sein. Das Aufgebot sollte an den drei vorhergehenden Sonntagen, Cantate, Rogate und Exaudi abgekündigt werden. Mutter Johanne, so stellte Seidel es sich vor, würde an diesen Tagen mit besonders wichtigem Gesicht in ihrem Kirchenstuhl sitzen, im Predigerwitwenstuhl gegenüber der Kanzel, von der herab ihr Mann ein Jahrzehnt hindurch gepredigt hatte, und die Nachbarinnen und Bekannten, deren sie so viele hatte in der Schelfstadt, würden beim Aufruf des Aufgebots in ihre, Johannes, Richtung blicken, freundlich, aufmunternd, anerkennend nicken: Ja, Frau Pastor Seidels Ältester – Wissen Sie, Frau Kommerzienrat, er baut ja den großen Bahnhof in Berlin! – würde nicht in der fernen neuen Hauptstadt, sondern hier, unter dem Dach der Schelfkirche St. Nikolai zu Schwerin sein Jawort sprechen, am 14. Mai, dem 21. Geburtstag der Prinzessin Marie, nicht wahr. Ja, die Braut! Reizend soll sie sein, und noch sooo jung …

Seidel klappte den Kalender zu, der Prediger Walter betrat eilig und freudig erregt sein Amtszimmer. „Willkommen, lieber Herr Seidel, willkommen!" Man setzte sich, plauschte; der Herr Pfarrer, Seidel etwa gleichaltrig, kannte sich in den Familiendingen aus. Ja, Frau Pastor wäre auch schon ganz aus dem Häuschen! Na, sie sei ja den häuslichen Trubel noch gewohnt! Paul, Heinrichs jüngster Bruder, sei ja als letzter noch daheim, aber noch vor drei Jahren, bis zu Claras, der jüngsten Schwester, Verheiratung, die er, Pastor Walter gleichfalls habe vollziehen dürfen, sei ja noch reges Treiben im Hause Seidel gewesen … Würden denn alle kommen? Seidel lachte und schüttelte den Kopf. Alle würden nicht kommen, Kapitän Werner Seidel schwamm irgendwo vor Valparaiso im Pazifischen

Ozean, Frieda pflegte die schwerkranke Schwiegermutter …
Aber doch Clara und ihr Mann würden da sein, Hermann würde
sein eifriges Doktorstudium für ein paar Tage unterbrechen. Na,
und die beiden Onkel aus Kneese und Parum mit den dazugehö-
rigen Tanten, der Herr Pflegeschwiegerpapa und Mutter Eggers
und Schulfreund Walter Flemming, der inzwischen Professor für
Anatomie an der Kieler Universität geworden war und der
Einladung um so lieber folgen würde, da er zugleich seinen alten
Vater in Schwerin zu besuchen gedenke … „Wir sind vierzehn
am 14., Herr Pastor!" sagte Seidel. „Und der Trauspruch? Was
denken Sie?"

Über einen Trauspruch hatte Seidel, offen gestanden, bisher
überhaupt nicht nachgedacht. Ein Trauspruch … Es mußte ja so
ein Leitwort sein, das über die Ehe gestellt wurde und ihr
Richtung und Ziel verleihen sollte. Pastor Walter war hilfreich
und schlug 1. Kor. 13,13 vor, das war das mit Glaubeliebe-
hoffnung, oder „man könnte auch an Gal. 6,2 denken (Einer
trage des anderen usw.) oder an Ruth 1,16, Sie wissen doch, Wo
du hingeht, da will … Oder, wissen Sie was? Das wird ihrer Braut
gefallen, da bin ich sicher. Nehmen Sie 1. Joh. 4,16, da heißt es:
Gott ist die Liebe; und wer in der Liebe bleibt, der bleibt in Gott,
und Gott in ihm … Na?"

So breitete Pastor Walter die himmlischen Angebote vor
Seidel aus. Der entschied sich schließlich für Joh. 13,34:
Ein neues Gebot gebe ich euch, daß ihr euch untereinan-
der liebt, wie ich euch geliebt habe. Ja, das war kurz und
doch nicht gar so schrecklich fromm … Pastor Walter war

es recht; er tauchte die Feder ein und füllte das Formular aus.

Während seine Mutter schon in den „Puppenstuben" mit dem Meßband umherlief und die Sitzmöglichkeiten überlegte, ging Seidel mit seinem Bruder Paul eine Runde um den Pfaffenteich. Paul besuchte noch das Gymnasium und schwärmte wie damals der große Bruder von Dr. Latendorf, dem einzigen Lehrer der würdigen Anstalt, von dem man sich als Schüler wie ein Mensch behandelt fühle. Beter 'ne Lus in'n Kohl ... dachte Seidel. „Was willste denn nun werden, Paul?" fragte er, und Paul, wie aus der Pistole geschossen: „Museumsdirektor!" – „Wo, Paul?" Seidels Frage war ohne Spott; er kannte die Zielstrebigkeit der Seidels. Er selbst war kein Naturforscher, aber doch immerhin ein Ingenieur geworden, Werner wollte schon Kapitän werden, als er noch gar nicht schwimmen konnte, Hermann eiferte dem Seelendoktor Flemming nach und würde es schaffen. Warum sollte Paulchen nicht Museumsdirektor werden? „Wo, Paul?" „Na, in Berlin doch, wo sonst!" sagte Paul selbstbewußt. „Neulich habe ich der Prinzessin Marie die Bilder von Oudry erklärt!" setzte er stolz hinzu. „Wie das, Paul?" Latendorf, so berichtete der „Kleine", gebe der Prinzessin Privatunterricht, besonders Kunstgeschichte. Sie habe von ihrem Lehrer Einzelheiten über Oudry wissen wollen und über seine phantastischen Tierbilder, die ihr Vorfahr Christian Ludwig gesammelt habe, aber er, Latendorf, habe gesagt, er wisse zu wenig, um Ihrer Königlichen Hoheit Auskunft geben zu können, man müsse ihn, Paul Seidel, seinen Schüler, fragen, denn der wisse alles über Jean Baptist Oudry und seine Tiger und Leoparden. „Donnerwetter! Das fängt ja gut an mit dir!" sagte Heinrich und schlug seinem Bruder auf die schmale Gymnasiastenschulter. „Und? Wie war's?" „Die Prinzessin war sehr freundlich, aber ich glaube, sie hörte gar nicht richtig zu. Sie hatte wohl schon ihren Wladimir im Kopf. Nun ist sie ja Großfürstin und wohnt in Sankt Petersburg. Da haben sie noch ganz andere Sachen als unseren Oudry!"

Heinrich erinnerte sich an die begeisterten Briefe von Mutter Johanne, die die strahlende Fürstenhochzeit in allen Einzelheiten nach Berlin berichtet hatte im vergangenen Herbst. Der Großherzog hatte sogar gestattet, der Faulen Grube, einer Gasse in der Schweriner Altstadt, den Namen „Wladimirstraße" zu geben. Das machte die Straße nicht viel schöner, hob aber doch das Selbstbewußtsein ihrer Bewohner beträchtlich. Faule Grube: wie das auch klingt …

Jedenfalls wurde, sorgsam vorbereitet und in aller Form, am 14. Mai 1875 die Hochzeit der „Jungfer Adolfine Lucia Wilhelmine Agnes Dorothea Becker, ledig" und mit „Ingenieur Heinrich Friedrich Wilhelm Seidel zu Berlin, ledig" feierlich begangen. Für alle sieben Vornamen Heinrichs erwies sich die vorgesehene Spalte im Kirchenbuch als zu klein. „Dich hab' ich ganz!" sagte Seidel nach der Trauung zu seiner Frau. „Aber von mir hast du nur drei Siebentel. Karl, Philipp, Georg und Eduard sind noch ledig! Paß also scharf auf, mein Schatz!"

Entgegen ursprünglicher Absicht entschloß man sich noch kurz vor dem Ereignis, wenigstens doch die Mittagstafel in „Stern's Hôtel" ausrichten zu lassen, denn zu den geplanten vierzehn Personen waren unvorhergesehen drei weitere hinzugekommen: Walter Flemming hatte kurz zuvor ebenfalls geheiratet und brachte nun seine Frau mit, und aus Lichterfelde bei Berlin erschien, unangemeldet zwar, aber herzlich begrüßt, einer der Onkel der Braut, den man allgemein den Major nannte und der wegen seiner pointenlosen Geschichten ebenso berühmt war wie für seine fulminanten Verzehrkünste bei anfallenden Familienfeiern. „Wenn der Major kommt, bleiben wenigstens keine Reste!" sagte Mutter Eggers.

Seidel betrachtete die Personnage des Familientheaters mit dem Hinterblick des Literaten und dachte sich, während man in Sterns Extrazimmer mit Blick auf den Pfaffenteich bei Spargel und Schinken saß, in eine Geschichte hinein, in der sie alle Platz finden könnten: Onkel Wilhelm und seine wieselflinke Frau, allgemein „Maus und Löwe" genannt, der Major ohne Pointe, er selbst, Seidel, gemütlich Hochzeit haltend mit diesem fabelhaften Mädchen Agnes, das in seinem Brautkleid wahrhaftig aussah wie ein Engel, mit allerlei Freunden drumherum und Kindern … Er hatte nur noch keinen Namen für die Geschichte, aber daß ein Garten darin vorkommen würde, war ganz sicher.

Bevor man die Tafel aufhob, um in Mutter Johannes Wohnung zum Kaffeetrinken überzuwechseln – Braut, Bräutigam und die beiderseitigen Mütter wurden in einer bestellten Kutsche befördert, der Rest der „Hucke" ging zu Fuß –, hatte der Major noch eine seiner bemerkenswerten kleinen Reden gehalten. „Also gewissermaßen, nicht wahr, ich bitte um … So als Onkel muß man doch … Nicht wahr, also die Liebe. Nehmen wir als Beispiel meinen Regimentskameraden, den Obersten von Friemel. Nicht wahr. Er hatte eine Braut. Sie war ein schönes Mädchen, und von Adel war sie auch. Und Geld hat sie auch gehabt. Und nun stellt euch vor, es ist doch nicht zu glauben. Die haben dann geheiratet. Ja." Und hob sein Glas, und alle klatschten. Dann brach man auf, und Agnes, die sich in der staubigen Kalesche an ihren Mann kuschelte, bemerkte seinen abwesenden Blick. „Was hast du, Heinrich?" – „In mir scheibt's Agnes!"

Für sich und seine neu begründete Familie, die allerdings ja vorerst nur aus ihm und Agnes bestand, hatte Seidel schon ein paar Monate vor der Hochzeit eine Fünf-Zimmer-Wohnung in der Frobenstraße gemietet. Die Straße lag in einem neuangelegten Viertel südlich des Landwehrkanals. Um das Baubüro am Askanischen Platz zu erreichen, mußte Seidel etwa eine halbe Stunde laufen. Er hätte sein Ziel auch in kürzerer Zeit erreichen können, wenn er quer über den riesigen Bauplatz des künftigen Bahnhofs gegangen wäre, wozu ihm natürlich das Recht zustand. Er zog aber den längeren und saubereren Weg vor. Meist machte er noch einen Umweg durch die Straße Am Karlsbad, wo Karl Eggers wohnte.

Als Seidels nach der Hochzeit in der Frobenstraße einzogen, war der Neubau noch nicht vollständig ausgetrocknet. Einige Baumangel stellten sich nach und nach heraus, es zog „wie Hechtsuppe" im Treppenhaus, die Stufen knarrten zum Gotterbarmen in ihrem grünen Holz, die Trennwände zur Nachbarwohnung waren, namentlich in der Küche, nur aus halbem Stein ausgeführt und so lächerlich dünn, daß Agnes aus erster Hand zu hören bekam, was die Frau Nachbarin ihrem Dienstmädchen für Schimpfworte an den Kopf warf. „Dumme Gans!" war noch das gefühlvollste; es kamen aber auch Injurien vor, die Agnes mit ihrer Heiligengraber Erziehung noch niemals gehört hatte, und Heinrich mußte ihr geduldig erklären, was eine „Schlampe" sei und was ein „Wechselbalg". Gleich nach dem Einzug war Agnes schwanger geworden. Geheimrat Klaatsch wurde konsultiert und machte ein bedenkliches Gesicht. Nein, dieses Persönchen sollte besser keine Kinder bekommen. Heinrich machte sich Vorwürfe, und Agnes, ausgerechnet Agnes, mußte ihn trösten. „Mein Dicker, mein Süßer, mein Leberecht! Wirst sehen, ich schaff' das doch!" sagte sie, als die Fehlgeburt überstanden war. Ja. sie schaffte es ein Jahr später. Sie holten ihn von der Baustelle, wo er mit zwei Meßgehilfen im Schlamm herumgestiegen war. „Herr Oberingenieur! Herr Oberingenieur! Schnell!"

Als er heimkam, in lehmigen Schmierstiefeln, war Geheimrat Klaatsch schon da. „Zwei Monate zu früh, mein Jung! Aber sonst ist alles in Ordnung. Beten und gut füttern, beide! 'ne Amme muß 'ran, aus'm Spreewald. Und 'ne Pflegerin. Nehm' Se Frollein Kuhse. Die redet nicht viel, die hat Warzen auf der Nase, die hat keine Männerjeschichten, die hat Menzeln jepflegt, als er vom Maljerüst jefallen is. Nehm' Se die, die kann alles."

So kam der „Werwolf" ins Haus. Seidel beschrieb das Frauenzimmer in seinem Merkbuch: „Dieses Weib ist ein finsteres und düsteres Geschöpf, wie ein Werwolf. Ihre größte Tugend ist die Schweigsamkeit. Sie droht wie eine Gewitterwolke in der Wochenstube herum. Sie hat nur vier Sinne, denn sie ist nasenblind. Die notgedrungenen Gerüche eines Neugeborenen nimmt sie gar nicht wahr, und sie kriegt es fertig, ihrer Patientin statt Tokayer Lampenöl einzuflößen … Morgen endet ihr Dienst, und sie kann froh sein, daß ich die Sohle meines Fußes nicht zwecks schnellerer Entfernung mit ihrem ehrenwerten Hinterteil in Berührung bringe!" Von einer Amme wollte Seidel nichts wissen; auch Agnes war dagegen. Sie stillte den winzigen Goethe, so gut es eben ging, und ersetzte, was sie selbst nicht aufzubringen vermochte, durch eine Flüssigkeit, auf die man in Seidelschen Familienkreisen eingeschworen war und der auch Heinrich seine breiten Schultern verdankte: Ziegenmilch. Täglich erschien, bevor Seidel um halb acht morgens das Haus verließ, eine Milchfrau mit der sorglich verstöpselten großen Tonkruke. Seidel entfernte den Stöpsel und nahm – kennerisch, versteht sich – den Probeschluck, aber er fand niemals etwas auszusetzen an der Frische oder dem Wohlgeschmack der fetten Ziegenmilch. Heinrich Wolfgang Goethe gedieh und hatte die fehlenden zwei Monate bald aufgeholt. „Mein Sohn hat mehr Haare als ich, und zwar blonde. Er strampelt wie ein Frosch, wenn er angezogen und gebadet wird. Er kann brüllen, daß man es durch alle Zimmer hört. Ansonsten ist er keineswegs ‚wunderbar' wie alle Erstgeborenen, sondern ganz normal wie andere Kinder auch, besonders, was den Verbrauch an frischen Windeln und das bei dieser Tätigkeit übliche Dickmachen der Backen betrifft."

Agnes hatte sich angewöhnt, ihren Mann, wenn sie miteinander allein waren, „Leberecht" zu nennen. „Warum sagst du

Leberecht zu mir?" – „Ich weiß nicht, mein Dicker. Es ist mir eben recht, das Leben mit dir, verstehst Du?" – „Ich denk', es ist dir langweilig. Ich renne jeden Morgen aus dem Haus und komme meist erst am späten Nachmittag zurück, und du sitzt hier ganz allein mit dem Schreihals!" – „Ach, mein Leberecht …" – „Ach, mein Hühnchen!" Er küßte sie, und noch ehe er sich aus ihrer Umarmung löste, um den täglichen Trott anzutreten, hatte er den Titel zu seiner Geschichte gefunden. „Leberecht Hühnchen" würde sie heißen. Nur, geschrieben werden mußte sie noch. Es war wie auf dem Bau. Die Fassade hatte Schwechten schon entworfen, und er Seidel, mußte nun das Dach dahinter bauen. Der Titel der Geschichte war schon gefunden, und er, Seidel, mußte nur noch die Fabel dahinter schreiben. Nur noch.

Viel Zeit verblieb ihm nicht im Verlauf der Woche. Die Wochenenden waren kurz. Bei schönem Wetter wurde Goethe ausgefahren, in einem abenteuerlichen hochrädrigen Kinderwagen, den Mutter Eggers aus Wien hatte kommen lassen, eine Droschke, der er sich nicht allzu gern vor- oder besser hinterspannen ließ. Doch dann, wenn sie im Tiergarten waren, fühlte Seidel Stolz. Hatte die hübsche junge Frau, hatte den Sohn da im Wiener Cabriolet, wurde gegrüßt. Manchmal, bei den sonntäglichen Ausfahrten im milden Frühling 1877, als Wolfgang schon Versuche machte, den Kinderwagen kletternd zu verlassen und dabei gelegentlich abstürzte, was jedoch immer ohne Folgen blieb, trafen sie Fontane. Der ging, immer allein, immer den gleichen Weg, spazieren. Die Hände hatte er auf dem Rücken zusammengelegt; er kaute an seinen Bartspitzen und blieb manchmal stehen, um bewegungslos in die Luft zu starren. Als er Seidels ansichtig wurde, guckte er in den Kinderwagen, betrachtete auch Agnes wohlgefällig und sagte: „Als ich Sie, junge Frau, das letzte Mal sah, servierten Sie Punsch!" – Agnes nickte, Seidel sagte etwas wie „Ja, und das haben wir nun davon!", und Fontane lachte. „Das ist die Prosa des Lebens, Rosenkönig! Und was macht die Poesie?" – „Gegenwärtig muß ich leider in Stahl dichten. Jeder Dachbinder ein Vers, immer vier davon eine Strophe, und das ganze soll am Ende eine Ballade sein, sechs Strophen lang und sechzig Meter breit …" Fontane gab Agnes und ihm die Hand. „Stahlgedichte halten länger als papierne!" sagte er und ging, wieder die Hände auf dem Rücken verschränkend, in die Richtung des Königsplatzes davon, wo die goldene Viktoria von Drake auf Stracks Siegessäule über die Baumwipfel des Tiergartens hinwegblitzte.

Ja, die Poesie … Der Bahnhof verschlang ihn mit Haut und Haaren. Wenn er abends noch eine stille Stunde fand, werkelte er an seiner Leberecht-Hühnchen-Idee herum und konnte doch keinen richtigen Anfang finden. Die Radien seiner Dachbinder, die Profile der Streben und Pfetten, das Zahlengestrüpp der statischen Berechnungen überwucherten den poetischen Einfall und spülten die Ideen aus dem Kopf. Meist schlief er am Schreibtisch ein, bis Agnes ihn zu Bett holte. Ihre Zärtlichkeit machte ihn noch einmal wach, aber es dauerte nicht lange, bis er auf ihrem Arm liegend einschlief, nun richtig und tief. Sie betrachtete ihn noch ein Weilchen, wie er da so lag, wie sich seine breite, wollhaarige Brust hob und senkte und wie er manchmal, aber wirklich nur manchmal, ein bißchen schnarchte. Dann löschte sie das Licht. Heinrich Wolfgang Goethe machte, nachdem das erste Jahr und auch die ersten Zahnquerelen überstanden waren, keinen nächtlichen Lärm mehr und schlief, wie sein Vater, „brunnentief". So hörte Agnes durch die dünnen Wände, wenn der benachbarte Oberrechnungsrat mit seiner zänkischen Frau Dame spielte und die Steine triumphierend auf das Brett knallte. Da war sie doch froh, daß Heinrich so sanft war und so duldsam und daß er niemals von ihr verlangte, bis nachts um zwei Uhr Dame zu spielen. Und kurz bevor Heinrich Wolfgang zwei Jahre alt wurde, war Agnes das dritte Mal schwanger. „Dieses Mal wird es ein Mädchen!" sagte sie, als sie sich sicher war, ohne weitere Ankündigung beim Morgenkaffee. Seidel fragte unkonzentriert: „Was? Wie?" – „Ein Mädchen, sagte ich. Es wird dieses Mal ein Mädchen, mein Leberecht." Dann begriff er, legte die Semmel weg, hob Agnes vorsichtig aus dem Stuhl und stemmte sie in die Höhe. „Woher weißt du das?" – „Verrat' ich nicht, mein Dicker. Denk dir lieber einen Namen aus!"

Agnes stellte mit Hilfe von Mutter Eggers eine Kinderausstattung für ein Mädchen her; man strickte und häkelte, Mutter Johanne kam aus Schwerin und unterwies ihre Schwiegertochter in der geheimen Kunst der Lochstickerei.

Seidel flüchtete in sein Büro. Auch er war schwanger. Das Dach wuchs in ihm. Im nächsten Jahr, wenn das Mädchen (woher nahm Agnes die Sicherheit?) geboren werden würde, mußte das Dach fertig sein. Das Dach. Das Dach. Die Ungeheuerlichkeit seines Unterfangens wurde ihm mit jedem Tag deutlicher. Schwechten, der oberschlaue Architekt, wischte alle Bedenklichkeiten weg. „Was? Mittelstützen? In meine Halle? Na, Seidelll! Freitragend!" „So was hat noch keiner gewagt, Herr Geheimrat!" – „Dann wagen Sie's, Mensch! Fahren Sie nach London, gucken Sie sich Paddington an!" – „Pah! Paddington! Die Halle ist ganze 40 Meter breit, aber Sie, Herr Geheimrat, verlangen 60! An die Höhe denken Sie nicht, und an die Last schon gar nicht. Ohne Mittelstütze wird es nichts. Es sei denn, Sie könnten sich eine Zugstange vorstellen." – „Eine Zugstange? Das heißt, unter jedem Binder eine Zugstange?" – „Ja. Die kann ich im Abstand von jeweils drei Metern an die Binder hängen. Bei der jetzt von Ihnen geforderten Gesamthöhe von 35 Metern im First müßte nach meiner – vorläufigen, Herr Geheimrat, vorläufigen – Berechnung eine Zugstange von siebzig Millimeter starkem Rundstahl, zweiundsechzig und einen halben Meter lang, aus einem Stück geschmiedet sein. Und davon brauchen wir vierundzwanzig Stück. Wissen Sie, was die wiegen? Und wer macht uns die?" – „Krupp, Herr Seidel. Krupp muß sie machen. Zugstangen. Gut, gut, Seidel! Lassen Sie das zeichnen. Was wird das kosten?" – „Das Doppelte, Herr Geheimrat!" – „Dem Kaiser ist nichts zu teuer, Herr Seidel. Aber nun gehen wir zu Huth, Sie oller Stahlkocher. Damit wir mal von was anderem reden!" Sie gingen ins Weinhaus Huth am Potsdamer Platz, qualmten wie die Schlote und reden doch wieder nur von ihrem Bahnhof.

Sie diskutierten zum Beispiel die Frage, wie sich der Herr Oberingenieur denn den Transport der Zugstangen aus dem zu beauftragenden Walzwerk nach Berlin wohl vorstelle? Jede Zugstange sei 60 Meter lang und wiege über zwei Tonnen! Das Gewicht wäre vielleicht noch nicht einmal das Problem, aber die Länge! Wenn diese „Zahnstocher", wie der Geheimrat Schwechten Seidels Traumgeschöpfe zu bezeichnen beliebte, aus Königshütte in Schlesien nach Berlin gebracht werden müßten, dann ginge das doch nur auf fünf hintereinandergekoppelten Rungenwaggons. Wie wolle er die durch die engen Kurven der Königlich-Sächsischen Eisenbahn bringen, ohne daß die Stangen auf den Waggons verrutschten? – „Sie müssen eben verrutschen, Herr Geheimrat!" sagte Seidel. „Die Stangen werden nur auf dem mittleren Rungenwagen arretiert; auf den vorderen und hinteren legen wir sie auf Rollenböcke, die sich auf dem Waggonboden bewegen können. So können die Waggons durch die Kurve fahren, ohne daß die Stangen sich bewegen oder verbiegen." Seidel winkte Gustav, dem Kellner, der die verrückten Gewohnheiten dieser Baumenschen kannte und auf alle Eventualitäten vorbereitet war. „Fünf Zigarrenkisten und ein Queue!" befahl Seidel. Gustav war klug genug, nicht nach der gewünschten Zigarrenmarke zu fragen und brachte das erbetene Demonstrationsmaterial. Seidel ordnete die Kisten auf dem grünen Tuch des Billards an. „Das sind die Waggons, Herr Geheimrat!" Dann legte er das Queue der Länge nach auf die Schachteln. „Und das sind meine Zugstangen. Wenn nun die Waggons durch die Kurven fahren, so haben die Enden der Stangen auf dem vordersten und hintersten Waggon jeweils 120 Zentimeter Spiel, denn diese Rungenwagen haben eine Ladebreite von 240 Zentimetern. Nun muß ich nur noch ausrechnen, welchen Radius die Kurven haben dürfen. Verstehen Sie mich, Herr Geheimrat?"

Schwechten nickte. Gewiß. Wie immer: Ingenieurtechnische Bedenken.

Er zerdrehte nervös seine Zigarre im Aschenbecher und nickte. „Ja, Seidel, ich verstehe. Ich verstehe aber auch, daß dieser Radius nicht enger sein darf, als das Ausschwenken der Stangen verlangt. Und wenn er enger ist? Und wenn mehrere Kurven, also Schlangenlinien, durchfahren werden müssen, zum Beispiel in engen Bahnhöfen bei für unser Vorhaben zu eng gelegten Weichen? Na?"

Seidel begann an seiner Konstruktion zu zweifeln. Der Schwechten hatte ja recht, es würde nicht gehen. Auf glatter Strecke kein Problem, aber allein die Anfahrtgleise zur Baustelle, die verdammt enge Kurve vor der Brücke über den Landwehrkanal, der das gesamte Baugelände unabänderlich durchschnitt, und dahinter wieder eine scharfe, entgegengesetzte Biegung zum Vormontageplatz. Oder sollte man vielleicht ein ganz eigenes Gleis legen mit einer eigenen Behelfsbrücke über den Kanal? Dann würde man allerdings alle anderen Transportwege innerhalb des Baugeländes blockieren, und nichts, von seinen Zugstangen abgesehen, würde sich bewegen ...

„Und wenn Sie die Zugstangen doch teilten, Seidel?"

Seidel räumte den Tisch ab, zog die Tischdecke weg, holte Kreide aus der Tasche. „’n beten mit Kried‘ up’n Amboß ..."
dachte er und erinnerte sich an Magnus Buddig. Kellner Gustav

177

stand regungslos im Halbdunkel und machte keine Anstalten, einzugreifen, obwohl Herrschaften an Nebentischen schon aufgebracht murmelten und der Oberkellner, mit den Schultern zuckend, fragende Gesten vom Tresen herüberfunkte. Seidel rechnete. Er kam auf eine Dachlast von 550 Tonnen, rechnete Schneelast, Winddruck und Sicherheitsspielraum hinzu und war schon bei 770 Tonnen, die von den 11 Zugstangen zu halten waren, also je Binder 70, je Zugstange 35 Tonnen! Tonnen, Herr Geheimrat!" „Wenn ich die Zugstangen zerteile, sagen wir, zweimal, dann bleiben zwar für den Transport nur lächerliche 20 Meter Stücklänge, die kein Problem darstellen, aber ich muß die Stangen durch Hülsen verschrauben. Jede dieser Hülsen muß, vorsichtig angeschlagen, nach jeder Seite hin mindestens einen halben Meter tief gegenläufige Innengewinde haben, um die Zugstangenteile zusammenzuschrauben. So was kann keine Hütte in Deutschland herstellen, auch Krupp nicht!" – „Krupp kann", sagte Schwechten. „Wenn der Kaiser will, kann Krupp alles!"

So kam es denn auch, und Schwechtens Bahnhof blieb stützenfrei und Seidel kriegte seine Zugstangen. Der Kompromiß lag in der Verschraubung, und Krupps Leute lösten auch dieses Problem. Im Herbst 1878 begann die Montage der Dachkonstruktion. Seidel verließ die Baustelle nur noch zum Schlafen. Wenn er heimkam, fand er Zettel auf seinem Schreibtisch, auf denen Agnes in ihrer kindlich-runden Handschrift Notizen für ihn gemacht hatte. Sie selbst schlief längst. Sie sahen sich nur noch beim Frühstück, wenn Seidel, immer in Hast, ihre Sorgen halbherzig anhörte. Wolfgang hatte Angina, Agnes kämpfte mit den Widrigkeiten ihrer Schwangerschaft. Professor Klaatsch sprach von Depressionen. Aus Greifswald, wo Heinrichs Schwester Clara lebte – noch auf seiner Hochzeit war sie so ausgelassen und kerngesund gewesen –, kamen schlechte Botschaften, der Arzt sprach von Schwindsucht und Brustwassersucht. Seidel dachte an den Tod seines Vaters und an Walter Flemmings Vermutungen. Nichts als Verdruß umgab ihn. Die Nachbarin zankte auf dem Flur herum. Sein Buch „Daniel Siebenstern", das er sich „unter Verrenkungen" und in nächtlichen Sitzungen abgepreßt hatte und das bei dem Verleger Friedrich Luckhardt erschienen war mit lächerlichem Honorar, brachte Leserbriefe ins Haus. Sie blieben unbeantwortet liegen. Nicht einmal Storm konnte er schreiben, der ihn ermuntert hatte und den „Siebenstern" leiden mochte. „Das ist es, Herr Seidel, was Sie können. Pflegen Sie es!" Das tat gut, aber half nicht über den ewig klaffenden Abgrund zwischen Baustelle und Schreibsucht hinweg. Alles ging nur noch um das Dach.

Agnes plante schon eine kleine Flucht, für ein paar Monate wollten „Maus und Löwe" sie und Wolfgang nach Mecklenburg holen. „Wenigstens übers Fest!" schrieb Onkel Wilhelm, und Tante Maus malte in den schönsten Farben das Weihnachtsfest in Kneese aus, und Wolfgang könne auf dem Pony reiten. Heinrich könne ja dann ein paar Tage nachkommen, um danach, zwischen Weihnachten und Neujahr, auf seine Baustelle zurückzukehren. Agnes freute sich schon. An ihr hatte Onkel Wilhelm einen Narren gefressen. „Sett di man neben mi dal!" pflegte er zu sagen, wenn seine „angeheiratete Nichte" in seiner Nähe war, und bei einem Besuch in Berlin hatte auch Heinrich mitgemußt ins Theater, sosehr er sich sträubte, und hatte sich den „Wilhelm Tell" angucken müssen. Nicht daß er etwas gegen Schiller gehabt hätte, aber wie die da auf dem Königstädtischen Theater den Tell spielten ... Und Tante Maus verfolgte mit dem Textbuch in der Hand das Spiel auf der Bühne und war hingerissen von diesem Erlebnis, das sie in ihrer mecklenburgischen Einsamkeit so bald nicht wieder haben würde, und Onkel Wilhelm lotste Agnes an seine Seite. „Sett di man hier neben dal!" sagte er. Heinrich war nicht bei der Sache und mußte Tante Maus auch noch erklären, warum an bestimmten Stellen Sätze, die im Textbuch standen, nicht von der Bühne herab gesprochen wurden. „Das ist gestrichen!" flüsterte er, und die Tante schüttelte den Kopf. Das einzig Produktive an diesem unter anderen Umständen sicher erfreut begrüßten Besuch war, daß er den Namen für den walroßförmigen Onkel in seiner Leberecht-Hühnchen-Geschichte hatte: der hieß nun „Herr Nebendahl".

Agnes packte die Koffer, kaufte noch extra feste und hohe Stiefel für Wolfgang und strickte sich, von Mutter Eggers unterstützt, ein doppeltes, warmes Umschlagtuch. „Denk mal an, Mädchen, bist doch schon im fünften, und in Mecklenburg isses kalt!" – „Ja, Mama!" – So strickten sie, jeder von einer Seite.

Seidel war, er gestand es sich selbst ein, unfroh und unlustig, manchmal, auch zu Hause, knurrig und verschlossen. Das Dach. Seine ursprünglichen Ideen hatten Federn lassen müssen; nicht nur von den Zugstangen aus einem Stück hatte er sich trennen müssen, auch die Vollverglasung des Daches wich einer ganz praktischen Bedenklichkeit, die von dem Regierungsbaumeister Pinkenburg herrührte. Dieser Mensch, dessen glücklichste Begabung darin bestand, sich mit den Federn seiner Untergebenen zu schmücken, hatte ständig irgendwelche nörglerischen Einwände zu machen. Manche waren von solcher Nichtigkeit, daß Seidel sie grinsend akzeptierte, nur um den Pinkenburg loszuwerden. Hoffentlich würde man den Pinnschieter bald zum Oberregierungsbaumeister befördern, damit er schon durch die Höhe seines Amtes daran gehindert würde, Baustellen überhaupt zu betreten. Mit Schwechten war das anders, der war ein freier Architekt und bei Hofe wohlgelitten und angesehen, der machte sich widerborstige Bürokraten mit Hilfe allerhöchster Beziehungen gefügig. Aber Pinkenburg … „Die Zierrosetten in den Trägerzwickeln gefallen mir überhaupt nicht, Herr Seidel. Sie sind so büsantünisch …" – „Wie bitte, was sind die, Herr Regierungs…?" – „So büsantünisch, wenn Sie verstehen. Ich hätte sie doch lieber mehr romantisch …" Seidel brauchte eine halbe Minute, bis er begriff, was der „Sesselpuper" (so Schwechtens Bezeichnung für Pinkenburg) wohl meinen mochte: „Also, zu byzantinisch … Und Sie wollen sie mehr romanisch?" – „Wenn ich bitten darf, Herr Seidel!" In eilfertiger Dienstwilligkeit pfiff Seidel einen Zeichner für solche Sachen heran. „Machen Sie dem Herrn Regierungsbaumeister bitte romanische Rosetten, Gudlowski!" – „Jawohl, Herr Oberingenieur!" Gudlowski machte dann neugotische, und Seidel und sein Zeichner schlugen sich auf die Schenkel, als die Rosetten Pinkenburgs

181

Gefallen fanden. Und nun hatte der Mensch etwas an der Vollverglasung auszusetzen. „Sehen Sie, Herr Seidel, dieser Ruß! Ruß von unten, Ruß von oben! Keine vier Wochen, und die Scheiben sind schwarz! Da können wir doch gleich Wellblech nehmen! Licht kommt durch die Oberlichter genug herein." – „Das erzählen Sie bitte dem Geheimrat Schwechten. Der kriegt Zustände. Soll der Kaiser unter dem Wellblechdach im Halbdunkeln aus dem Salonwagen steigen?" – „Herr Seidel, bitte. Keine Insubordination! Wellblech!"

Am 6. November montierten die Arbeiter die Zugstange am 11. Binder. Alles lief schon geübt. Seidel stieg mit dem Vorarbeiter über die Arbeitsbühne hinauf unter den Frist. Unten, fünfunddreißig Meter tiefer, zerrte eine Lokomobile die Gleisjoche für den kleinen Dampfkran um die erforderliche Distanz weiter, damit der Kran die Teile der Zugstange an die richtige Stelle heben konnte. Man konnte die Bewegungen der Gleisjoche durch eine Lücke beobachten, die in einem Hilfsgerüst klaffte. Der Vorarbeiter zeigte auf eine Stelle am Scheitelgelenk des Binders 11, irgend etwas klemmte da. Zwei Mann mit Vorschlaghämmern versuchten, die Hemmung mit gezielten Schlägen zu beseitigen. Es dröhnte ungeheuerlich unter dem halbfertigen Dach; niemand verstand ein Wort. Der Vorarbeiter zog Seidel am Ärmel, zeigte neben sich und öffnete den Mund. Sein bärtiges, verschmiertes Gesicht war das letzte, was Seidel bewußt wahrnahm. Unter ihm rutschte etwas weg, ein Brett stürzte wirbelnd ab, Seidel war einen Moment lang tot, so schien es ihm später. Er schlug auf das Hilfsgerüst, hart neben die Lücke, durch die man

182

die Lokomobile und die Gleisjoche hatte sehen können. Einer schrie. Seidel, leblos, wie zerschmettert, lag auf dem baumelnden, schwankenden Brettersteg des Hilfsgerüsts, das ihn nach sechs Metern Fall aus dem First des Dachbinders aufgehalten hatte. Einen halben Meter weiter nach rechts, und Seidel wäre in den sicheren Tod gestürzt. Der Vorarbeiter kletterte über eine Strickleiter zu ihm hinab. Er beugte sich über den Leblosen, legte das Ohr an den offenstehenden Mund: Gottlob! Seidel atmete. „Wachen Sie auf, mein Gott, Herr Oberingenieur! Sagen Sie was!" Seidel aber blieb bewußtlos. Seit vor zwei Jahren zwei Erdarbeiter von herabstürzenden Eisenteilen getroffen, schwer verletzt und beinahe gestorben waren, hatte Regierungsbaumeister Pinkenburg endlich, nicht zuletzt auf Schwechtens und Seidels ständige Forderung, der kleinen Sanitätsstation auf der Baustelle zwei Pferde und einen flachen, mit Kautschukrädern versehen Krankenwagen genehmigt, ein Gefährt, das sich im französischen Feldzug hundertfach bewährt hatte. Jetzt, nachdem sie den Bewußtlosen abgeseilt hatten, brachten sie ihn in das St.-Gertraud-Hospital in der Wartenburgstraße, das erst vor kurzem fertiggeworden war. In das viergeschossige Gebäude hatte Seidel damals einen von ihm entworfenen hydraulischen Gepäckaufzug, der für den Bahnhof konstruiert worden war, probeweise als Krankenlift einbauen lassen. Die Ironie des Schicksals war es, die ihm, hätte er bei diesem Transport seine fünf Sinne beieinander gehabt, nicht unentdeckt geblieben wäre – mit seinem eigenen Aufzug hievten sie seinen zerschlagenen Leib in den Operationssaal, wo Professor Bremer, der Chefarzt des Hauses, schon mit seinen unerschrockenen Hilfskräften bereitstand, notfalls das Schlimmste zu verhindern. „Er knirschte schon mit seiner Amputiersäge!" schrieb Seidel später, als ihm nach gebührender Pause der Humor zurückgekehrt war, an Trojan. Aber Bremer fand nichts zu amputieren. Wie durch ein Wunder war der grün und blau geschlagene Körper des Ingenieurs, von erheblichen Prellungen, Stauchungen, Quetschungen und Hämatomen abgesehen, unversehrt. Seidel blutete aus keiner Wunde. Kein Knochen war gebrochen. Eine schwere Gehirnerschütterung hielt ihn bis zum anderen Morgen in tiefer Bewußtlosigkeit gefangen. Die Stimme des Vorarbeiters drang auf unerklärliche Weise erst vierundzwanzig Stunden nach dem Sturz in sein Gehirn vor. „Wachen Sie auf, mein Gott, Herr Oberingenieur, sagen Sie doch was!" – „Was ist denn?" fragte Seidel, schlug die Augen auf und sah in Agnes' Gesicht, das sich verschwimmend über ihn beugte. „Heinrich! Leberecht! Gottseidank, Heinrich!" Die Augen fielen ihm wieder zu. Die Diakonissen führten die schmale, schwangere Frau behutsam hinaus. „Er hatte einen Schutzengel, gnädige Frau!" sagte die Oberin. „Ganz gewiß! Einen Schutzengel!" Erst in der Droschke, mit der Agnes das ganze riesige Baugelände umfahren mußte, um in die Frobenstraße zu gelangen, löste sich die Anspannung. Mutter Eggers und der dreijährige Wolfgang, die in der muffigen Kutsche gewartet hatten, fragten: „Wird er gesund?" Agnes nickte und begann hemmungslos zu weinen. Wolfgang, aus Solidarität, heulte mit, und Mutter Eggers hatte alle Mühe zu trösten. Durch die Tränen und durch das schmutzige Glas der Droschke sah Agnes während der Fahrt, die lange Möckernstraße hinauf, um den Rohbau herum und die nicht wenige lange Schöneberger Straße wieder hinunter, auf den monströsen, eingerüsteten Körper dieses neuen Molochs und sah das Stahlgewirr des ungeheuerlichen Daches ragen, in dem Heinrichs Kraft steckte seit nunmehr sechs Jahren und das nun auch noch sein Leben gefordert hatte, aber Gott war nicht bereit gewesen, diesem Götzenopfer zuzustimmen. Sie haßte das Dach. Sie wußte auf einmal, daß sie es seit langem haßte, dieses verfluchte Dach. Der Götze Berlin bekam ein neues Maul, das hieß „Anhalter Bahnhof", und ausgerechnet ihren Heinrich wollte es als ersten verschlingen. Agnes ballte die kleinen Fäuste.

V

Gemalte Vögel, welche singen

(1881–1906)

Das „Berliner Tageblatt" vom 15. Juni 1880 las Seidel bei der Morgenzigarre. Er las es mit einiger Zufriedenheit und mit einigem Groll. Einerseits kam er in der ganzen Zeitung mit keinem Sterbenswörtchen vor, andererseits war er seiner Pflichten seit sechs Wochen endlich los und ledig.

„War das heute früh um 5½ Uhr auf dem neuen Bahnhof ein Gewühl von Männlein, Fräulein und Kindern. Alle wollten mit dem ersten Zug nach Lichterfelde fahren. Schutzleute zu Fuß und zu Pferde hielten den Bahnhof besetzt, als ob mindestens der Kaiser mitfahren würde, und zahlreiche Zuschauer hatten sich um den Bahnhof postiert, um die Passagiere des ersten Zuges wie Meerwunder zu mustern. Draußen am Kanal-Übergang war die Uferstraße auf beiden Seiten von Menschen besetzt. Auch draußen auf dem Felde standen noch lange Reihen von Menschen. Und das einzige Bemerkenswerte am Zuge war die neu auflackierte Lokomotive GROSSBEEREN, die man mit

Eichengirlanden und Fahnen geschmückt hatte, während ihren eisernen Busen kokett ein Kornblumenstrauß zierte …"

Seidel mußte grinsen. Eiserner Busen. Eine Poesie hatten die am Leibe, diese Journalisten. Er ließ Clara, seinen Sonnenschein, auf dem Knie reiten, rauchte dabei die Zigarre und las die Zeitung. Immer, wie immer, alles zugleich. Er saß auf einer bereits zugenagelten Bücherkiste, denn der Umziehtrieb war wieder einmal ausgebrochen. Die Oberwohnung in Karl Eggers' Haus Am Karlsbad 11 war freigeworden. „Zieh zu mir, Heinrich!" schlug Eggers vor. Agnes gefiel der Vorschlag sofort. Nichts wie weg aus der verdammten Frobenstraße. Die dünnen Wände, der Krach. Und immer war da auch die Erinnerung an Heinrichs Unfall. Und an das Dach, das nicht nur den wachsenden Bahnhof, sondern auch ihr ganzes Leben überdeckte und verdunkelte, bis es endlich, endlich fertig war. Geheimrat Schwechten kriegte den Roten Adlerorden und Seidel wurde zu einem Empfang der Kaiserschwester geladen. Alexandrine, Großherzogin-Mutter von Mecklenburg-Schwerin, empfing leutselig die „Arbeitsleute, Poliere, Werkmeister und Ingenieure", die am Bahnhofsbau gearbeitet hatten, und verteilte Erinnerungsmedaillen. Nur der verehrten Fürstin wegen war Seidel überhaupt hingegangen. Er hatte die inzwischen weißhaarige, aber überaus würdevolle alte Dame zuletzt bei der Beerdigung seines Vaters gesehen. Das war nun fast zwanzig Jahre her. Der Empfang entbehrte nicht einer gewissen Komik, die sich allerdings wohl nur ihm und seinem ältesten Zeichner Wilhelm Gudlowski erschloß. Da standen sie alle in langer Reihe im

189

„Versammlungssaal" neben dem Hauptvestibül des Bahnhofs und rückten im Gänsemarsch auf die alte Hoheit zu, die, flankiert von Regierungsbaumeister Pinkenburg zur Rechten und dem Vizepräsidenten der Anhalter Bahngesellschaft, Geheimrat von zur Mühlen, die Schächtelchen verteilte und die Hände der zweihundert Leute schüttelte. Seidel, den höchsten und letzten in der Reihe, sah sie einen Moment lang zweifelnd an und lächelte dann. „Mein Mecklenburger Seidel!" sagte sie und strahlte. „Königliche Hoheit sind so gütig, mich zu kennen?" fragte Seidel, und Alexandrine legte ihm vertraulich die Hand auf den Unterarm. „Keiner hat so schön zu unseren Soldaten gepredigt wie Ihr Vater. Und mich freut es, daß ein Mecklenburger den Berlinern eins draufgesetzt hat. Viel Glück, Herr Seidel!" Die zierliche Greisin hielt immer noch seinen Unterarm fest und sagte leise, als sollte es der Regierungsbaumeister nicht hören: „Frau von Rantzau hat mir Ihren ‚Rosenkönig' vorgelesen. Ich bin entzückt. Sie sind ja ein Dichter!" Seidel wurde verlegen, hatte aber keine Gelegenheit mehr, dem wohlgesetzten Ausdruck zu verleihen, denn die kleine Hoheit wurde von ihrer Kammerfrau „abgeführt". Trippelnd verschwand sie im Schwarm der Höflinge und Eisenbahngeneräle und winkte ihm zu: „... ein richtiger Dichter!"

Pinkenburg war verblüfft. „Sie haben ja allerhöchste Protektion, Seidel! Donnerwetter! Ihnen winkt sie zu, von mir hat sie sich nicht einmal verabschiedet!" – „Sie, Herr Regierungsbaumeister, sind ja auch kein Mecklenburger!" sagte Seidel. Er hatte Pinkenburg noch nie gemocht. Erst zwei Tage zuvor war die neueste Nummer der Ingenieurzeitung mit einem großen Bericht Pinkenburgs über den Bahnhofsneubau erschienen, mit allen Details, und seine Zugstangenidee war in den höchsten Tönen gepriesen und das Dach als europäische Bausensation gelobt, nur der Name Seidel kam in dem ganzen Elaborat nicht vor. „Wollen Sie sich Ihren Rücktritt nicht noch mal überlegen, Seidel? Breslau soll auch einen neuen Bahnhof …“ – „Breslau! Wo liegt denn das?“ fragte Seidel betont wegwerfend. „Breslau! Nee, Pinkenburg, bauen Sie man Ihre Bahnhöfe ohne mich!“

Seidel schüttelte die Erinnerung an Pinkenburg ab, setzte das Kind, das die Kunst des aufrechten Ganges erst vor kurzer Zeit erlernt hatte, auf den Boden und schob es mit einem zärtlichen Klaps in Richtung Küche, wo Agnes mit dem Einpacken von Geschirr beschäftigt war. Der Rollkutscher, den Agnes statt eines Möbelwagens, der kurzen Entfernung zur neuen Wohnung und des schönen, trockenen Wetters und schließlich auch der Billigkeit halber für den Umzug angemietet hatte, stand mit seinem Gehilfen schon wieder in der Diele. „Wat soll uff die nächste Fuhre, jnädige Frau?“ Agnes zeigte auf die Kisten, die schon in die Diele geschoben waren. „Mann, da is woll det Familjenjold drinne!“ stöhnte der Spediteur und kantete eine Kiste an. „Nein“, lachte Agnes und fing das herantaumelnde Clara-Kind auf, „nur Bücher!“ – „Saach ick doch imma – die Wissenschaft is schwer!“

Stück für Stück lichtete sich die Wohnung in der Frobenstraße. Die nächste Nacht würde man schon Am Karlsbad verbringen, wo Mutter Eggers die ankommenden Fuhren

191

empfing und die „Klamotten" in die Zimmer verteilen ließ, wie
Agnes es ihr aufgetragen hatte. Seidels Arbeitszimmer lag genau
über dem von Karl Eggers zum Garten hinaus, und dieser Garten
in seiner Weitläufigkeit lockte ihn schon jetzt unwiderstehlich.
„Du hast mir doch die Wohnung nur vermietet, damit du einen
Gartenknecht im Hause hast!" hatte Seidel gesagt, und Eggers
hatte ernsthaft genickt.

Seit dem 31. Mai 1880 war Seidel, was man einen „freien
Schriftsteller" nannte. Er wollte einfach nicht mehr in den
Sielen gehen. Er hatte ein kleines Kapital angehäuft, das, mit
Agnes' Erbteil zusammengelegt, eine nahrhafte Rendite abwarf,
und bekam von seinem Verleger, dem Herrn Liebeskind in
Leipzig, recht erfreuliche Abrechnungen zugestellt. Auch die
„Gartenlaube", das beliebte „Daheim" und Trojans „Kladderadatsch" druckten fleißig Seidels kleinere Geschichten. Am
besten aber ging der kürzlich erschienene erste „Leberecht
Hühnchen"-Versuch über die Ladentische, und alle, die ihn
kannten oder seine Leser waren, rieten dringend, die Geschichte
weiterzuspinnen. Eine neue Novelle mit dem geheimnisvollen, märchenhaften Titel „Jorinde" lag auf dem Pult, während
Liebeskind schon danach „jankte", und am Tage seiner „Abdan-
kung" bei der Eisenbahnbehörde war ein Bändchen mit Gedichten bei Friedrich Luckhardt erschienen. Es hieß „Winterfliegen". Fontane hatte, „rechtzeitig vor dem Weihnachtsgeschäft"
darum gebeten, das Büchlein sehr lobend für die „Vossische
Zeitung" besprochen und besonders jene Gedichte gelobt, die
Seidel in Blankversen geschrieben hatte, was seinem zum Reim

neigenden Pegasus zunächst nicht so recht aus der Krippe wollte, in fünffüßigen Jamben, wie sie Schiller so meisterhaft beherrscht hatte: „Der Mohr hat seine Schuldigkeit getan ...“ Erst war ihm bange gewesen, aber die Erinnerungen an seine Kindheit in Perlin, die ihn bei der Arbeit an „Jorinde“ wieder mächtig überkamen, hatten nach einer Form verlangt, die, je leichter die Empfindung der wehmütig verlorenen Zeit, um so strenger sein mußte, und da war er eben auf den Blankvers gekommen. Schiller hin, Ehrfurcht her – er probierte es eben. Und, siehe da – der spöttische Fontane, der gestrenge Richter, fand nichts auszusetzen, vom Titel des Buches abgesehen. „Winterfliegen“ – wie könne man nur so schönen Gedichten einen so unschönen Titel geben. „Dahinter stecken nämlich lauter goldpantoffelte Prinzessinnen, Gedichte wie ‚Das Lesen‘, ‚Die Glocken‘, ‚Der alte Backofen‘ –, dem Besten ebenbürtig, was Mörike, Storm, Klaus Groth gedichtet haben ...“ Das war Sei- del wie Honigseim eingegangen, das schwemmte die gräßliche Empfindung beim Anblick des Herrn Pinkenburg glatt weg und „güng dal as Lehmenten sinen duwwelten Küm- mel“, wie er Agnes gegenüber zugab und sich auch sogleich einen solchen eingoß. „Willst auch einen, mein Agnes?“ Agnes hatte sich geschüttelt und ihn geküßt. „Lieber so einen, Lebe- recht!“ sagte sie und las mit ihrer leisen, etwas brüchigen Altstimme den von Meister Fontane so gerühmten Vers vor:

Du Kirchlein grau, aus Feldstein aufgebaut,
Von tausend leichten Schwalben froh umschwirrt,

Du Kirchhof grün mit den zerfallnen Hügeln
Und deiner Linden hold vertrautem Rauschen!
Ich kenn' dich wohl, und oft zur Abendzeit,
Wenn eine Stille wird in meinem Herzen ...

und brach ab, denn Clara war bei ihren Gehversuchen gegen ein
Tischbein geraten und beklagte brüllend eine aufblühende Beule.

Also, rundum betrachtet und von allen Seiten angesehen,
ging's Seidel gut. Die Bücher verkauften sich, das Dach war
fertig, Agnes freute sich an ihren beiden Kindern, von denen
Wolfgang im Lesen schon weiter war als Clara im Laufen, die
neue Wohnung versprach mehr Ruhe und Raum, Karl Eggers'
freundschaftliche Nähe und die nach Ordnung schreiende „grüne Halle" des Garten. Alles war im Lot, und Seidel machte sich
frohgemut daran, die nächste Bücherkiste zu füllen. Abends
gegen halb neun Uhr machten sie die letzte Fuhre. Agnes und die
Kinder stiegen mit auf die Pritsche des Rollwagens, und Seidel
ging zu Fuß hinterher. In der Potsdamer Straße traf er Fontane,
der aus dem Tiergarten kam und seiner Wohnung zustrebte.
„Frauenlob – ich verzehre gerade Ihre Winterfliegen!" sagte
Fontane und zog an einer besonders langen Zigarre. „Zwei Taler
hat mir die Rezension eingebracht ... Ja, mein Lieber, so leben
wir voneinander, wir Dichterlinge ..." Er zog noch einmal, und
das edle Kraut leuchtete auf in der ersten Dämmerung des
Vorsommerabends. „Was macht die Brandstifterin?" fragte Seidel. „Gestern habe ich die letzte Korrektur gelesen. Es ist eine
widerliche Arbeit, wenn man seine eigenen Kommata zählen

muß ... Also, nächste Woche erscheint sie, die Grete Minde. Hoffentlich ist's den braven Hausfrauen auch gruselig genug. Aber, mein Freund, ich muß. Wenn ich Sie zitieren darf: ‚Schon dunkelt's im Gebüsch. Aus finstren Schatten steigt schon die Nacht empor, die alte ew'ge Nacht, die unser aller, wie wir's auch treiben, Ur und Ende bleibt.' Ja, das ist gut, Seidel, wirklich. Gut!" Und Seidel blieb auf der Potsdamer Straße stehen im Abendlicht, während Fontanes Schritte sich entfernten und der Ruch der teuren Zigarre ihm nachwehte, und er hatte ein Gefühl wie damals in Güstrow vor Opitz' Buchladen, als er Brinckmans Lob empfangen hatte, und es war so etwas wie ein Déjà-vu.

Ja, das neue Arbeitszimmer ... Trojan und Stinde halfen, die aus den Kisten quellenden Büchermassen zu bändigen, aber so freundschaftlich und gut gemeint der Vorsatz war, so geriet das Ergebnis ihrer gemeinsamen Bemühung zu einem neuen Chaos, in dem sich eine erkennbare Ordnung nicht herstellen wollte. Seidel würde Monate brauchen, um sie zu erzeugen, und Jahre, sie zu beherrschen. Die blindsicheren Griffe nach gesuchten Büchern, wie sie auch vorzeiten Vadding-Pasting in Perlin und im Schweriner Pfarrhaus beherrscht hatte, gelangen erst nach geraumer Zeit, und ein besonderer Winkel des Zimmers, der schlecht beleuchtet sich hinter der Tür durch den etwas schiefen Grundriß auftat und sich, wie man auch schob und rückte, nicht zum Möbelstellen eignen wollte, wurde zum „Massengrab" erklärt. Als Stinde eine vielbändige Ausgabe des „Democritos" von Carl Julius Weber aus einer Kiste grub und auf Seidels Platzanweisung wartete, entschied er kurz und bündig: „Weber?

Ins Massengrab!" Ach, das Massengrab füllte sich, und bald stapelten sich dort alle seit Jahren nicht benutzten, auch niemals gelesenen und selbst dem Auge ihres Besitzers fremd gewordenen unsterblichen Werke verblichener Kollegen. „Nibelungenlied?" fragte Trojan. „Massengrab!" entschied Seidel. „Nicolais Reisen durch Deutschland?" – „Der war nicht in Mecklenburg. Massengrab!" Das Massengrab wurde zur stehenden Wendung, und noch Jahre später, als Seidel seinen letzten Umzug ins eigene Häuschen nach Lichterfelde plante, seufzte er, an Agnes gewandt, nun werde er wohl das Massengrab endlich einmal aufräumen müssen ...

Nicht ins Massengrab, sondern extra ordentlich, in griffbereiter Höhe, entfaltete sich Seidels schöne und heiß geliebte Hoffmann-Sammlung. „Ernst Theodor Amadeus Hoffmanns Ehrenreihe" sollte direkt hinter dem Schreibtisch eingerichtet werden, und Stinde und Trojan wurden des Wunderns nicht müde, was Seidel an Hoffmanniana besaß. Und wußte auch zu jedem noch eine Geschichte, wie er dem Antiquar dieses und jenes abgehandelt, wie er gar in seiner unstillbaren Hoffmann-Gier dem Doktor Ypsilon – „Ihr kennt ihn beide, verratet mich nicht!" – den „Meister Floh" in der Erstausgabe abgeliehen und das Zurückgeben vergessen habe, wie er auch dem Leichenmaler Skarbina eine „Prinzessin Brambilla" mit von Hoffmann selbst ausgeführten Zeichnungen nach Callot aus dem Nachlaß des Schauspielers Devrient und mit dessen eigener Hand signiert, für zwei Flaschen Lehmentschen Koem abgepreßt habe. Ja, der Hoffmann! Kater Murr und Klein Zaches und die Serapionsbrüder! und die Märchen! Und die Nachtstücke! Dazwischen wieder Stinde: „Und Felix Dahn, das germanische Ungeheuer? Mit eigener Widmung ‚An Frauenlob aus dem Phäakenlande'?" – „Phäakenland – damit meint er Mecklenburg. Er hat was gegen unseren Niklot. Ins Massengrab!" Sie verbrauchten einen ganzen Korb von Weißbierflaschen, amüsierten sich wie Bolle und ließen Seidel schließlich, als es schon dunkel geworden war, zwischen Massengrab und Ehrenreihe erschöpft zurück.

Nein, er hatte sich die Entscheidung nicht leicht gemacht. Das gesicherte Dasein des Stahlbaukonstrukteurs einfach so gegen die zweifelhafte Existenz des freien Schriftstellers einzutauschen war manchem ziemlich leichtsinnig erschienen, sogar zeitweise ihm selbst. Und Agnes, die von Gelddingen nicht viel verstand und bisher auch von den Zwängen allzu knappen Haushaltens verschont geblieben war, mochte und konnte ihm nicht recht raten. Für sie war es selbstverständlich, daß Heinrich, wenn er sein Gehalt von der Rentmeisterkasse geholt hatte, die für den nächsten Monat nötige Summe in Agnes' Schreibschränkchen legte. Nie war es vorgekommen, daß Anschaffungen Probleme bereiteten, nie hatten sie sich Geldes wegen gezankt, wie sie es in der Frobenstraße täglich durch die dünnen Wände von ihren Nachbarn hören konnten. Sie lebten nicht üppig, aber auch nicht im Mangel. Was einkam, reichte und ließ manchen Taler übrig. Seidel hatte Eisenbahnaktien gekauft und spendierte zu Weihnachten die aufgelaufene Dividende. Man war nicht reich, man war nicht arm, man war „Mittelstand", nicht

197

ver-, aber auch nicht unvermögend. Agnes' geerbtes Kapital lag zu guten Zinsen bei Bleichröder auf der Bank. Und wenn Heinrich ein Honorar einstrich für eine Geschichte, für ein Büchlein, dann wurde es meist für die angenehmen Dinge des Lebens ausgegeben.

Nun blieb die monatliche Kassenanweisung der Eisenbahngesellschaft aus. Für ein Weilchen würde man von den Reserven leben müssen, bis der neue Haupterwerb Früchte trüge. Das konnte dauern. Und so begann Agnes, die die Entscheidung widerspruchslos akzeptiert hatte, mit Eifer ein Haushaltsbuch zu führen. Seidel hatte ihr im Scherz die Geschichte von seinem verstorbenen Freunde Friede Eggers erzählt, der die Probleme der häuslichen Ökonomie auf eine von ihm selbst erfundene Methode löste. „Er hatte nämlich", sagte Heinrich zu seiner Frau, „einen Schrank mit vielen kleinen Fächern, die alle mit einem Zettel beschriftet waren. Auf den Zetteln stand z. B. ‚Miete', ‚Kleidergeld', ‚Zigarren', ‚Wein', na, und so weiter, für jedes kostenverursachende Lebensbedürfnis gab es ein Fach. Wenn er nun sein Professorengehalt von 300 Talern je Semester bekommen hatte, ließ er sich die Summe zum Schrecken der Hochschulbedientenkasse in Hartgeld auszahlen und verteilte alle die Taler und Märker und guten Groschen auf seine Schrankfächer, und zwar nach Maßgabe der durch Erfahrung gewonnenen Bedürftigkeit der einzelnen Kassen …"- „Ja, aber, mein Leberecht, (Agnes studierte nämlich gerade in der „Deutschen Hausfrauenzeitung" einen Aufsatz der Herausgeberin Lina Morgenstern mit der Überschrift „Wie sich die Hausfrau das Monatsgeld einteilt") ja, aber, mein Leberecht, wenn nun aber mal ein Fach nicht ausreicht? Wenn Wolfgang neue Stiefel und Clara neue Knöpfschuhe braucht und meine Überschuh' sind durchgelaufen und deine Sonntagstiefel sind schief? Was dann?" Seidel machte ein ernsthaftes Gesicht und fuhr fort, die Friede-Eggers-Methode zu erläutern. „Dann, mein Agnes, wird gepumpt. Zum Beispiel bei der Kleiderkasse, denn wir haben ja beide gerade den neuen Winterüberzieher angeschafft und die Kinder frisch bejackt, und da ist noch etwas übrig. Also nimmst du einen Zettel und schreibst darauf: ‚Die Stiefelkasse schuldet der Kleiderkasse 10 Taler.‘ Und wenn die Stiefelkasse wieder aufgefüllt ist, zahlt sie an die Kleiderkasse zurück!" Agnes lachte ungläubig, und dann begriff sie, daß Heinrich sie einfach nur ein wenig durch den Kakao zog mit ihrem Haushaltsbuch. „Ph!" machte sie. „Du mit deinen Geschichten!", und vertiefte sich wieder in die Ratschläge der Frau Morgenstern.

Der Verleger Liebeskind, ein Freund von Karl Eggers, hatte ihm einen Plan gemacht für die Herausgabe jener kleinen handlichen Bücherreihe, in der auch schon der „Rosenkönig" neu herausgekommen war, in der „Jorinde" und zuletzt das Gedichtbüchlein „Winterfliegen" erschienen waren. Nach Fontanes öffentlichen Lob war Liebeskind überzeugt, daß sein Autor zu weiterem fähig sei. Er drängte ihn, Manuskripte zu liefern. „Leberecht Hühnchen" müßte nun also in Angriff genommen werden, auch wenn Seidel noch gar keine rechte Vorstellung hatte, wie das zu bewerkstelligen sei. So einen langen, dicken, großen Roman, wie Meister Fontane sie zu verfertigen wußte, traute er sich nicht zu. Er fand, die kurze Erzählung, na ja, höchstens mal hundert Seiten in einem Stück, eher weniger, das sei die ihm angemessene Form. Gedichte natürlich auch, aber es war schon viel schwieriger, ein ganzes Büchlein mit Gedichten zu füllen. Irgendwie mußten die ja auch zusammenpassen. Man konnte in so einem Buch mit vielleicht hundert Seiten nicht gleich die ganze Welt in Versen fassen. Nein, es mußte mehr erzählt werden. Liebeskind riet, die Idee mit dem Leberecht Hühnchen sozusagen „scheibchenweise" zu realisieren. Die Technik der dichterischen Produktion mußte in ein System gefaßt werden. Das muntere Drauflos in freien Stunden war vorbei. Das Schreiben war jetzt kein Drauflos mehr, wenn der Einfall kam und Zeit und Stunde günstig. Nein, jetzt schrie morgens der Schreibtisch mit den verfluchten weißen Kanzleipapierblättern, auf denen etwas zu stehen hatte, wenn „Feierabend" war. Seidel, durch die zwei Jahrzehnte praktischer Tätigkeit an frühes Aufstehen und die Weisung der Uhr gewöhnt, mußte erst lernen, sich zur Arbeit zu zwingen. Wie leicht war es jetzt doch, einfach nichts zu tun, das verdammte Kanzleipapier in die Schublade zu werfen und in den Garten zu gehen, um Kohlrabipflanzen zu setzen und den Sperlingen bei ihrem Nestbaugeschäft zuzusehen ...

Um die Ablenkungen auszusperren, rückte er schließlich doch den Schreibtisch an die Wand und befestigte darüber, neben dem Bildnis seines Vaters, einen Zettel, auf den er in seiner besten Ingenieurshand den entschlossenen, aber auch mahnenden Vers geschrieben hatte:

„Konstruieren ist Dichten", hab' ich gesagt,
als ich mich noch für die Werkstatt geplagt.
Heut führ' ich die Feder am Schreibtisch spazieren
und sage: „Dichten ist Konstruieren!"

Das sah gut aus und machte Eindruck, aber so einfach war es
nicht: Die Feder ließ sich das Spazieren nicht befehlen. Jedenfalls, die „Konstruktion" der Geschichte von Leberecht Hühnchen machte ihm zu schaffen. Als er sich endlich daranmachte,
sie weiterzuspinnen, hatte er eigentlich noch gar keine richtige
Fabel. Er ahnte natürlich auch nicht, daß ihn der Stoff zehn volle
Jahre hindurch beschäftigen würde und daß es am Ende vielleicht doch seine eigene Geschichte war, die er da aufschrieb
oder, besser: die Geschichte seiner eigenen Lebenserfahrungen.
Zunächst hatte er als Vorbild für den Helden seinen alten
Freund Karl Hohn aus Güstrower Tagen im Visier. Dessen
bescheidene Lebenshaltung und vor allem seine Fähigkeit, die
kleinen Freuden des Lebens genußvoll zu strecken, sollte gewissermaßen den Generalbaß der ganzen Komposition darstellen,
auf welchem Fundament sich dann die Vielfalt der anderen
Stimmen erhob. Jubilierende Geigen waren ebenso vorgesehen
wie zwitschernde Querflöten, sonore Cembali und geschwätzige
Trommeln, und auch nörgelnde Bratschen und tiefsinnige Fagot-
te, quengelige Oboen und schlaftrunkene Hörner sollten ihre
Töne dazugeben. Seidel selbst geriet stets, mal als Erzähler, mal
als Kommentator, in die Geschichte hinein und konnte sich, die
ganzen zehn Jahre hindurch, nicht recht für das eine oder das

andere entscheiden. So wurde sein berühmtestes Buch am Ende auch sein konfusestes, aber das wußte er ja noch nicht, er fing ja erst an und gab Liebeskind zwei Stücke, die bis Ende 1880 fertiggeworden waren, zum Abdruck: die Titelgeschichte „Leberecht Hühnchen" und „Weinlese bei Leberecht Hühnchen". Im ersten Stück war der Held zunächst noch Junggeselle und zelebrierte seine glückselige Bescheidenheit mit Hilfe seines spartanischen Hausrates: „Da waren zwei Tassen, eine schmale hohe, mit blauen Vergißmeinnicht und einem Untersatz, der nicht zu ihr paßte, und eine ganze breite flache, welche den Henkel verloren hatte. Dann kam eine kleine schiefe Butterdose zum Vorschein, eine Blechbüchse mit Tee und eine runde Pappschachtel, welche ehemals Hemdenkragen beherbergt hatte und jetzt zu dem Range einer Zuckerdose avanciert war. Das köstlichste Stück aber war eine kleine runde Teekanne von braunem Ton, welche er stets mit besondere Vorsicht und Schonung behandelte, denn sie war ein Familienerbstück und ein besonderes Heiligtum. Drei Teller und zwei Messer, welche sich so unähnlich waren, wie es für zwei Tischmesser nur irgend erreichbar ist, eine Gabel mit nur noch zwei Zinken und der fatalen Neigung, ihren Stiel zu verlassen, sowie zwei verbogene Neusilber-Teelöffel vollendeten den Vorrat." Später wurde Leberecht Hühnchen dann als verheirateter Familienvater vorgeführt („Meine Frau ist nämlich -" hierbei klopfte er sich mit der rechten Hand auf die linke Schulter – „sie ist nämlich nicht ganz gerade."), der „alle Jahre zweimal ins Opernhaus" geht, auf den zweiten Rang, denn „dort sitzen oft Leute, die mehr von Musik

202

verstehen, als die ganze übrige Zuhörerschaft zusammengenommen", und dessen Philosophie in die Maxime gipfelt: „... der wandelt sonnigen Herzens dahin durch die Welt, und der goldene Schimmer verlockt ihn nicht, dem die anderen gierig nachjagen, denn das Köstliche nennt er bereits sein eigen."

In der zweiten Geschichte, der von der „Weinlese", kommt Leberecht Hühnchen dann allmählich auf einen grünen Zweig. Der Held tut, was sein Schöpfer schon heimlich plant, nämlich „... daß ich mir gestern in Steglitz ein Haus gekauft habe mit einem Garten. Ein reizendes Häuschen ... Ich hab's von einem Schuster gekauft ... Es riecht darin zwar ziemlich nach Leder und Pech, aber das gibt sich, wenn ich erst tapeziert habe ... Am Hause ist ein junger Weinstock, der (nach Aussage des Schusters) im vorigen Jahr bereits sieben Trauben getragen hat." Und der Garten wurde so angelegt, wie Seidel es selbst mit Karl Eggers' „grüner Hölle" hinter dem Hause Am Karlsbad 11 zu tun sich bemühte, mit Mistbeet, Johannisbeersträuchern, Grafensteiner Apfelbaum und Napoleonsbutterbirne ... In dieser Idylle wurden nun die diesjährigen zwölf Weintrauben festlich geerntet, Leberecht Hühnchen und seine „nicht ganz gerade" Frau Lore luden zu einem Menü ein.

1. Speisen
Pellkartoffeln mit Hering. Dazu Zwiebeln und Speck
(NB Kartoffeln und Zwiebeln eigenes Wachstum)
Kartoffelpfannkuchen mit Johannisbeeren.
(NB Spezialität der Frau Hühnchen)

Butter und ganz alter Berliner Kuhkäse.
Weintrauben, Walnüsse (Eigenes Wachstum)

2. Getränke
Doppelkümmel von Gilka und Bier aus der weltberühmten Brauerei des Herrn Patzenhofer in Berlin.

Was Seidel nun wahrhaftig selbst nicht gedacht hatte, traf mit
erstaunlicher Konsequenz ein: Es wurde sofort ein Publikums-
erfolg. Natürlich hatte Liebeskind die beiden Geschichten vom
bescheidenen Leberecht-Hühnchen nicht allein veröffentlicht;
es hätte kein Buch, nicht einmal ein Büchlein gefüllt. Er tat noch
„Jorinde" hinzu und die kürzlich geschriebene Geschichte vom
„Leichenmaler", in der Franz Skarbina Modell stand, und die
eine „Sperlingsgeschichte" aus der Erinnerung an Friede Eggers und noch ein Gedicht, das Johannes Trojan gewidmet war:
das „Wirtshaus zur Stranddistel". So garniert und drapiert, trat
„Leberecht Hühnchen" seinen Weg in die deutsche Lesewelt an
und eroberte sie sogleich im Sturm. Das war, wie schon bemerkt,
für seinen Erfinder verblüffend und für den Verleger erfreulich,
und ein erkleckliches Honorar erfreute besonders Frau Agnes,
die bei aller aufrichtigen Zuneigung zu ihrem Heinrich dem
freischaffenden Dichterdasein immer noch ein wenig skeptisch
gegenüberstand: Würde es wohl gut gehen?
   Was Leberecht Hühnchen betraf, so wurde er für die nächsten
Jahre ständiger Gast im Kopf und auf dem Schreibtisch der
Seidels. Manchmal verwirrten sich die Handlungsfäden, wie sie

sich auch in Seidels täglicher Existenz hin und wieder verhedderten, und dann fanden sie sich wieder zusammen. Aus der kleinen Idee wurde am Ende doch noch ein Roman, der 1890 mit „Leberecht Hühnchen als Großvater" seinen Abschluß fand. Und erst in diesem letzten Teilstück des Buches gelang es Seidel, die Tragödie zu verarbeiten, die 1883 über ihn und seine Familie hereinbrach und die Jahre der Lebensmitte überschattete. Erst sieben Jahre danach vermochte er erzählerisch zu bewältigen, wie er sein Kind Clara verlor. Als er am 4. Dezember 1884 an Storm den fälligen Weihnachtsbrief schrieb, hatte er die Erschütterung dieses Kindestodes noch nicht überwunden, ja, er hatte wohl Claras Tod noch nicht einmal angenommen. „Uns hat in dieser Zeit ein großes Unglück betroffen. Am neunten November starb unsere kleine Tochter Clara im Alter von vier Jahren, sieben Monaten an Blinddarmentzündung ... Man glaubt, ehe man solches erfahren hat, man könne sich den Schmerz eines solchen Verlustes vorstellen, aber es ist nicht wahr. Am Tage vor dem Begräbnis war unser Jüngster, ein sehr blühendes und kräftiges Kind von neun Monaten (gemeint ist der im Januar 1883 geborene Werner) kurz vor dem Tode. Er wollte in Folge eines heftigen Lungenkatarrhs ersticken und wurde doch im letzten Augenblick durch den Arzt gerettet. Es waren furchtbare Tage. Jetzt ist alles wieder gut, aber die schöne Sicherheit, die wir vorher hatten, ist erschüttert und zum ersten Male denken wir mit trüben Empfindungen an das schöne Weihnachtsfest ..."

Clara bekam ihr Denkmal später im letzten Teil des

„Leberecht Hühnchen". Sie hatte, als ihr das Brüderchen Werner geschenkt worden war, eine kindliche Mütterlichkeit entwickelt. Ihr reiner Charakter und ihre besonders zärtliche Zuwendung zum bärtig-brummigen Vater, der in ihren kurzen Lebensjahren mit mancherlei pekuniären Sorgen umging, wie sie ihm sein Freiberufler-Dasein bescherte, machten sie ihm unersetzlich. Er vergaß nicht, „wie die Fingerchen hinabtauchten in das staubige Gras der Wegränder" und wie sie ihm „mit leuchtenden Augen drei kümmerliche Blümchen entgegenhielt und dazu rief: ‚O Vater, siehe, wie schön!' " Er verlor nie seinen Schmerz über das Wunderwesen, das ihm da genommen worden war durch eine banale, längst gefahrlos operierbare Erkrankung, durch etwas, das „Schicksal" hieß, weil man es nicht erklären, weil man es nicht begreifen konnte. Das schnelle Wort verdeckte die Trauer zwar, besiegte sie aber nicht.

Wie Agnes das alles durchstand, vermochte Heinrich nicht zu erklären. Das ganze Jahr 1883 war zum wiederholten Male eine schnelle Folge sich überstürzender Ereignisse. Im Januar kam die Nachricht von einer schweren Erkrankung Werners, des Kapitäns. Der hatte vor ein paar Jahren ebenso zu husten angefangen wie Vadding Pasting früher und hatte, auch darin dem Alten ähnlich, nichts darauf gegeben. Dann schickten ihn die Ärzte erst nach St. Blasien, dann nach Davos, aber es half nichts. Nur in einem seien diese Ärzte konsequent, schrieb Werner an den Bruder, nämlich darin, einen langen, geduldigen, möglichst immerwährenden Aufenthalt in Davos zu empfehlen. Aber besser wurde es nicht, und auch dieses Mal war es wohl nicht die Schwindsucht, die den großen, breiten, sonst so wetterharten Seemann schließlich plötzlich dahinraffte. Mutter Johanne fiel die schwere Aufgabe zu, den Tod ihres zweiten den Geschwistern mitzuteilen. Wenige Tage danach brachte Agnes ihren eigenen zweiten zur Welt. Sie nannten ihn im Andenken an seinen Onkel, den Kapitän, Werner. Kaum waren die Aufregungen vorbei, die der Abtritt des einen und die Ankunft des anderen Menschenkindes in der Familie ausgelöst hatten, geriet Liebeskind, der Verleger, in die Beinahe-Pleite und sah sich außerstande, die ausstehenden Honorare zu zahlen. Gottlob wurde die Firma gerettet, aber das Geld würde sich um ein ganzes Jahr verspäten. Karl Eggers, natürlich, stundete die Miete, nichts anderes wäre überhaupt denkbar gewesen, aber Seidel hatte doch den schweren Gang vor sich und mußte den Freund um den Aufschub bitten. Das fiel ihm doppelt schwer, denn meist pflegte er sowohl Agnes als auch seine Freunde mit seinen Geldsorgen zu verschonen. Von Agnes befürchtete er Vorwürfe, wie sie ihm auch Mutter Johanne schon gemacht hatte, daß es wohl besser gewesen sei, er wäre dem sicheren Stahl-und-Eisen-Beruf treu geblieben, als sich auf die schwankenden Planken des Dichterschiffes zu begeben. Nein, Agnes hätte wiederum, auch das wußte Seidel, kein böses Wort gesagt. Sie war nun einmal in christlicher Demut erzogen und hielt die Floskel „Wo du hingehst, da will auch ich hingehen!" für unanfechtbar. Aber Seidel, der Agnes' kleines Erbkapital niemals bisher angetastet oder in Anspruch genommen hatte und stets für seine Familie hatte aufkommen können, fühlte Risse in der Mauer seiner Selbstachtung schon bei dem Gedanken, zu Agnes sagen zu müssen: „Mein' Agnes, wir müssen mal an die Reserven!" Und mit ebensolchen Rissen im Gemüt hatte er zu Karl Eggers hinunter ins Erdgeschoß gehen müssen. Es tröstete ihn doch, daß der einfach abwinkte, mit seinem Zottelkopf nickte und „Schlechte Zeiten für Dichter!" sagte. Dem bedeutete Geld nichts, Hauptsache, es reichte für die täglichen Dinge des Lebens.

Wenigstens die Zeitschriften schickten Gutschriften, und der Leipziger Verleger Bernhard Elischer fragte an, ob Seidel nicht, da er doch in seinen Geschichten und Gedichten als ein vorzüglicher Kenner der heimischen Vogelwelt ausgewiesen sei, ein Buch über Singvögel machen könne – keine Angst, nichts „Avifaunistisches" oder gar „Ornithologisches", sondern einfach, was ihm, einem Dichter, einfalle zu den Piepmätzen … Er böte eine gute Option, Seidel könne sich Zeit lassen, und für einen trefflichen Zeichner wolle er, Elischer, schon sorgen. Er habe eben die ganz entzückenden Wintermärchen gelesen, die Herr Liebeskind herausgebracht habe, und wäre wirklich beglückt, wenn Herr Seidel sich entschließen könne, den Versuch mit den Singvögeln zu machen, und bei positivem Entscheid würde er tausend Mark sofort übersenden.

Seidel überlegte sich die Sache ziemlich gründlich und beriet sich mit Trojan. „Mach das!" sagte Trojan. „Schlag das bloß nicht aus!" sagte Stinde. Fontane fragte er natürlich nicht, und Storm fragte er auch nicht; möglicherweise hätten die beiden großen Meister ihm abgeraten, denn Brotarbeit war es ja nun

208

einmal, das war doch nicht zu leugnen, und daß die Kunst nach Brot ginge, das wollte Seidel nicht gern von sich sagen müssen. Er hatte gerade an Elischer eine Absage schreiben wollen, als der kleine Werner die Lungenentzündung und Sonnenscheinchen Clara das schlimme Bauchweh bekam. Nein, es war kein gutes Jahr, auch wenn es während des Sommers auf angenehme Art unterbrochen wurde: Mit Trojan reiste er auf Einladung der Redaktion des „Daheim" mit dem Dampfer von Rostock nach Moen. Die Aufgabe der beiden bestand darin, eine möglichst launige Schilderung dieser kleinen Reise zu verfassen, die „Daheim" dann veröffentlichen würde. Die Kosten trugen die Zeitschrift und die Dampfschiffahrtsgesellschaft je zur Hälfte. Und ein Honorar für den Abdruck des Reiseberichts sollte es auch noch geben. Mit größtem Vergnügen und in heiterer Stimmung machten sie sich im August auf, durchquerten Mecklenburg und bestiegen in Warnemünde das Dampfschiff „Rostock" zu der eintägigen Seereise nach der dänischen Kreideinsel. Ihre Eindrücke waren unterschiedlich, doch vom gleichen Gegenstand geprägt: Trojan wurde auf der Hinreise fürchterlich seekrank und Seidel nicht. Beide fanden dann das dänische Bier recht trinkbar und die dänische Sprache als eine Ø-Sprache: man spülte das Smørrebrød mit Øl herunter und nahm zum Nachtisch Rødgrød med Fløde. Die Folge war, daß auf der Rückfahrt Trojan, biergestärkt, von der Seekrankheit verschont blieb, während Seidel an der Reling stand und das „Ø" übte … Aber diese fröhliche Episode war alles, was das Jahr 1883 an Annehmlichkeiten zu bieten hatte.

Erst nach geraumer Zeit fand Seidel wieder richtig zu sich selbst. Liebeskind kam wieder zu finanziellen Kräften und trug seine Honorarrückstände fleißig ab. Elischer, sein Leipziger Kollege, bekam die Option für das Vogelbuch, von dem Seidel allerdings noch keine Ahnung hatte, wie es aussehen würde, und Seidel bekam postwendend die Anweisung und kassierte mit gemischten Gefühlen zum ersten Mal in seinem Dichterleben die nicht eben unbeträchtliche Summe, für die er noch keinen Handschlag getan hatte. Und Storm kam nach Berlin, wo seine Verleger und der Buchhändler-Verein ein „Storm-Fest" ausrichteten. Storm kam zögernd; er mochte solche „Anfeierungen" nicht sonderlich, denn „gegen den Ruhm kann einer nicht viel tun. Aber wenn die Leute gern lesen, was ich geschrieben habe, so macht es mir doch, besonders jetzt im Alter, ein kleines behagliches Vergnügen, auch einmal der Mittelpunkt zu sein", schrieb Storm.

Nachdem das „Storm-Fest" im Hotel d'Angleterre am Schinkelplatz mit Reden und Trinksprüchen und einer Lesung Storms aus dem soeben fertiggestellten „Schimmelreiter" vorüber war, kam Storm auf Seidels Einladung auf einen Besuch ins Haus. Ihm gefiel Seidels Domizil als „Obermieter" von Karl Eggers recht gut, man saß behaglich im sonnenwarmen Garten, der trotz eifrigster Bemühungen Seidels immer noch eine kleine Wildnis war: Eggers, schweigend und rauchend, wie immer, dazu Seidel und Stinde, Trojan und Bungert und in ihrer Mitte der schmalgliedrige und weißhaarige Storm. Agnes und Mutter Eggers hantierten mit Kaffeekannen und Kuchentellern. Wolfgang, den solche Erwachsenen-Versammlungen anödeten, verschwand, nach kurzer Pflichtvorstellung im Matrosenanzug und Ablieferung der pflichtgemäßen „Diener", in seinem Baumhaus, das er sich, von Agnes beargwöhnt, aber von Eggers und seinem Vater geduldet, in dem alten Birnbaum im Hintergrund des Gartens gezimmert hatte. Storm wirkte gelöst; man hatte den Eindruck, daß er zufrieden war, den steifen Ehrungen des literarischen Berlins entronnen zu sein. Man verband zunächst das Angenehme mit dem Nützlichen; Trojan wollte für den „Kladderadatsch", Stinde für „Daheim" jeweils eine Beschreibung des Stormfestes verfassen, und so bedienten sie sich wechselseitig der guten Gelegenheit, den Meister auszufragen, nach seinen Lebensumständen und seinen Erfahrungen, nach seiner Familie und nach dem Dorf Hademarschen, wo er, seit er das Richteramt altershalber niedergelegt hatte, lebte und arbeitete. Storm beantwortete die Fragen geduldig, bestimmte aber das Ende der Fragerei schließlich mit einem eindeutigen, sanftnachdrücklichen „So!" und wandte sich an seinen Gastgeber. „Und Sie, lieber Herr Seidel? Was schreiben Sie?"

Seidel wiegte den Kopf hin und her und antwortete zögerlich. „Viel Brotarbeit, Herr Amtsgerichtsrat! Der da und der da (er zielte bartnickend auf Stinde und Trojan) verlangen mir ständig allerlei Possen ab für ihre jeweiligen geschätzten Blätter. Zum Beispiel über die Mecklenburger im Zoologischen Garten oder über das Jahr 1984, also wie ich mir Berlin vorstelle in hundert Jahren, oder über die Neuzuchtung des Nikotinspargels und dergleichen Unsinn. Das tut man, weil man's tun muß, denn ..."

– „Ich weiß, Freund, das liebe Geld … Hungrige Vögel singen nicht." – „Da haben Sie völlig recht, Herr Amtsgerichtsrat. Die Nachtigall singt keine Klage." – „Nun, also, was singt sie denn?"

Seidel erzählte von seiner neuesten Arbeit, und von der Schwierigkeit, eine größere Geschichte entschieden und zielstrebig zu Ende zu bringen, wenn man den Fluß der Erzählung ständig unterbrechen müsse, um das „Vogelfutter" herbeizuschaffen. Die neue Geschichte solle „Odysseus" heißen; er trage sie schon seit Jahren mit sich herum, es sei eine Liebesgeschichte, natürlich, und das „Strickmuster" sei eigentlich eines der ältesten der Welt, also: junger Mann und zwei Mädchen. Hintergrund Mecklenburg. Der junge Mann ein Naturforscher, allerdings nicht in Afrika oder auf dem Gebiet der menschenfressenden Haifische, sondern jenem der heimischen Vogelwelt, einer, dem es nichts ausmache, drei Tage durch einen moorigen Wald zu streifen, um das Nest der Beutelmeise zu finden … – „Und warum ,Odysseus'?" – „Nun, mein Held wird gewissermaßen nackt an den Strand geworfen. Während er in einem mecklenburgischen Waldsee schwimmt, stiehlt ein Vagabund seine Kleider und läßt dafür die seinen zurück. Rettung naht in Gestalt eines Mädchens …" – „… eines der beiden Mädchen, vermute ich?" – „Richtig. Die holt zur Hilfe ihren Onkel herbei, klassisch gebildeter Gutsbesitzer, der die Gewohnheit, sich in Hexametern auszudrücken, seit seiner Gymnasiastenzeit beibehalten hat. ,Beim Erderschütterer Zeus! Wunderbar ist das Schicksal, o Fremdling!' begrüßt er den Nackten. ,Nimm hier dies Bündel, es enthält die nöt'ge Gewandung!' Na, und so weiter. Ich will nicht zuviel verraten!" – „Sie sollten uns ein Stückchen vorlesen, Herr Seidel!" drängte Storm. Agnes holte das Manuskript. Seidel zierte sich ein wenig. Würde Storm akzeptieren, was er sich da ausgedacht hatte? Bukolisches Treiben an mecklenburgischen Landseen, weltenfernes Getriebe, streckenweise gebundene Prosa, die Symbiose von Homer und Onkel Braesig? „Na, los!" sagte Stinde. „Lies schon!" sagte Trojan. Und Seidel entschloß sich zu einem Stückchen von der Geburtstagsfeier des Herrn Konrad Bastian auf Goldensee bei Golnow in Mecklenburg, die man auf einer Insel zelebrierte (Seidel liebte Inseln), und er las, während die ersten Wespen die Kuchenreste umsurrten, vom Fest auf der Insel. „Dort hantierte ein schneeweiß gekleideter Koch mit einigen sauberen Mädchen, dort drehten sich Bratspieße, brodelte es in den Pfannen, dampften die Kessel, und zuweilen trug ein leiser Lufthauch süße, ahnungsvolle Düfte künftiger Genüsse zu der Gesellschaft herüber. Diese Einrichtung hatte für den alten, dicken Herrn Holtfreter eine mächtige Anziehungskraft, denn er war ein so starker Esser, daß man ihm in der Gegend die bekannte Redensart in den Mund legte: ‚Die Gans ist ein schnurriger Vogel; ißt man eine zum Frühstück, so hat man nicht genug, und ißt man zwei, so verdirbt man sich den Appetit zum Mittagessen.' Unwiderstehlich wie den Sancho Pansa bei der Hochzeit des Camacho zog es ihn an diesen Ort, und dann stand er würdevoll da, die Hände auf den Rücken gelegt, alles mit der tiefsten Teilnahme betrachtend, während köstliche Gerüche die bereits erwachte Riesenbestie seines Hungers zur Wut aufstachelten …"

213

„Die Droschke wäre da!" unterbrach Mutter Eggers die Gartenlesung. Storm stand auf. „Ich glaube, das ist so eine Geschichte, in die man immer mit hineinmöchte, und das ist wohl auch die Hauptsache an dieser Prosa-Idylle …", und der vorlaute Stinde fügte hinzu, was Storm natürlich nicht gesagt hätte, was nun aber einmal der Wahrheit entsprach: „Nur eins kommt darin nicht vor: das liebe Geld!" Storm lachte und nickte. „Ach, Herr Stinde, mit jenen Geschichten, in denen es vorkommt, verdient man es aber auch nicht!" Seidel brachte seinen Gast aus dem versponnenen Garten durchs Haus zur wartenden Droschke. Jenseits des nahen Kanals auf dem Gelände des Bahnhofs wurde geräuschvoll rangiert. „Sehen Sie, lieber Herr Seidel: so kurz ist der Weg zwischen Idylle und Wirklichkeit. Leben Sie wohl. Und lassen Sie von sich hören!" Storm kletterte in die Kutsche und rollte unter den Silberpappeln davon. Seidel sollte ihn nicht wiedersehen.

Ja, das Geld kam nicht vor. Weil es im Leben immerzu vorkam, mußte es in der Märchenwelt des Erzählers ausgesperrt bleiben. Log er sich selbst in die Tasche? Nachdenklich ging Seidel durchs Haus in den Garten zurück, wo Stinde den Mitteilungen von Frau Eggers über ihre Erfahrungen mit den Berliner Wochenmärkten und den Berliner Dienstmädchen begeistert lauschte, um aus dem ergiebigen Steinbruch ihrer Erlebnisse Material für seine „Familie Buchholz" herauszubrechen, während Karl Eggers, Bungert und Trojan in ein Gespräch über Bismarcks Rede bei der Grundsteinlegung des geplanten Reichstagsgebäudes im Spreebogen geraten waren, das zu weiten Teilen aus sarkastischen Bemerkungen bestand. „Gladiatorenarena!" sagte Bungert gerade. „Oben auf der Balustrade der alte Wilhelm, und unten zerfleischen sich zu seinem Vergnügen die Parteien."

Es dauerte noch vier Jahre, ehe Seidels die Geldsorgen einigermaßen los werden konnten. Das Drei-Kaiser-Jahr 1888 häufte wieder einmal die Ereignisse übereinander, Geburt und Tod, Erfolg und Mißerfolg. Agnes gebar einen dritten Jungen und entschied: das war der letzte. Sie nannten ihn Helmuth. Seidel wäre nie auf die Idee gekommen, ihn Helmuth zu nennen, aber wenige Tage nach ihrer leichten Niederkunft las sie in der „Vossischen", daß der „greise Feldmarschall Moltke in einer neuerbauten Villa am Thiergarten Wohnung genommen habe". „Moltke? ist das der, den dein Urgroßvater getauft hat?" Ja, der war es, und Seidel, von Agnes und Mutter Eggers gedrängt, zwängte sich in den besten Rock und ging, den Marschall zum Paten zu bitten. Er kam sich ziemlich komisch vor. Mit den Soldaten hatte er eigentlich nicht viel im Sinn und war ja auch selbst nie Soldat gewesen wegen angeblicher „Brustschwäche", und dann überhaupt: würde Moltke ihn empfangen? Die Villa lag tief in einem frisch angelegten Garten. Seidel betätigte den Knopf der elektrischen Klingel in einer Messingmulde im Pfeiler der Einfahrt, und hinten im Haus hörte man ein feines, schnarrendes Läuten. Nach einer Weile erschien ein schwarzgekleideter Diener am Ende des Gartenwegs, der sich gemessen, von einem kalbsgroßen Doggenhund begleitet, auf die Einfahrt

zu bewegte. Seidel wollte am liebsten wieder gehen. „Sie wünschen?" fragte der Butler; in seinen Augen war die Befriedigung
zu lesen, daß nicht schon wieder ein Bettler geläutet hatte,
sondern ein offenbar rechtschaffener, bärtiger, großer Mann
mit hoher Stirn. „Mein Name ist Seidel, aus Mecklenburg! Ich
möchte dem Herrn von Moltke in einer zivilen Angelegenheit
meine Aufwartung machen." Der Schwarzberockte öffnete tatsächlich das Tor. „Ihre Karte bitte!" sagte er, und Seidel gab ihm
eine seiner seit Jahren nicht benutzten Visitenkarten, auf denen
nur „H. Seidel. Ingenieur" stand. „Folgen Sie mir bitte!" sagte
der Diener. Der riesige Hund nahm keinerlei Notiz von dem
Besucher und ging würdevoll neben seinem Chef her. Vor dem
Haus war ein schlanker alter Mann in einem Gartenkittel damit
beschäftigt, den frischgemähten Rasen abzuharken. Als er die
sich nahenden Schritte von Diener, Besucher und Hund wahrnahm, richtete er sich auf und drückte dabei, ein wenig ächzend,
die Hand ins Kreuz. „Ja, was ist?" fragte er. „Wer ist das?"

Der Diener übergab seinem Herrn stumm die Karte; Seidel
empfand Verblüffung, als er den Marschall im Gartenkittel
erkannte. Er verbeugte sich knapp und fügte, als Moltke das
Kärtchen studierte, ergänzend hinzu: „Aus Mecklenburg! Ich
bin Schriftsteller!"

Moltke betrachtete Seidel amüsiert. „Schriftsteller. Aus Mecklenburg. Bart. Nein, Fritz Reuter sind Sie nicht, der ist ja schon
tot. Und hieß nicht – äh – Seidel. Seidel … –"

„Mein Urgroßvater, Pastor zu Parchim, hatte die Ehre, Euer
Exzellenz im Jahre 1800 zu taufen." Moltke entließ den Diener

und Hund mit einer winzigen Bewegung seiner weißen Braue und wies auf die Bank neben dem Hauseingang. Seidel trug, schon weniger gehemmt, seine Bitte vor. Der achtundachtzigjährige Marschall im Gartenkittel gestand unumwunden ein, noch nie etwas von einem Ingenieur Seidel aus Mecklenburg gehört zu haben und gab, als Seidel ihn näher unterrichtete, mit eingeweihtem Minenspiel zu, daß die Preußen eigentlich froh sein mußten, in schwierigen Situationen, sei es im Kriege, sei es beim Bau von Bahnhöfen, auf Mecklenburger zurückgreifen zu können. „Und nun soll ich meinen Vornamen, den ich durch Ihren Herrn Großvater empfing, an Ihren Sohn zurückgeben? Ist ‚Helmuth‘ denn in Mode?" fragte Moltke und war belustigt. „Der Einfall ist brillant und beweist Ihr Gefühl für Tradition!" Seidel befürchtete jetzt die in Militärkreisen geläufige Frage „Wo gedient?", aber sie blieb aus. Moltke nickte und sagte, irgendwie erfreut und sogar ein wenig bewegt, sein Patenwort zu. Helmuth Seidel, 1888 getauft, sollte, als habe sich die Lebenskraft des alten Marschalls durch den Akt der Patenschaft auf ihn übertragen, so viele Jahre alt werden, wie das Jahrhundert zählte, als er seinen Namen empfing. Seidel ahnte das zwar nicht, wünschte es seinem Jüngsten indes von Herzen. Agnes war, als er mit der Zusage Moltkes heimkam, nahezu begeistert, und Mutter Eggers sah schon einen hochdekorierten General Helmuth Seidel aus kommenden Schlachten siegreich heimkehren. „Moltkes Patenkind!" sagte sie beglückt, und Seidel setzte hinzu: „Und Wilhelmine Buchholzens Pflegeenkel!" – „Wilhelmine Buchholz? Wer ist denn das?" – „Wart es nur ab, verehrteste Pflegeschwiegermutter, wenn Stindes Buch im Herbst erscheint!" Dabei sah er Mutter Eggers durchdringend an, aber die begriff noch nicht, daß Julius Stinde sie schon seit langem im Auge hatte als Vorbild für seine „Buchholzen", die die Berliner Lesewelt im Sturm erobern würde, wovon jedenfalls Seidel und Trojan schon jetzt überzeugt waren, und Karl Eggers drehte eine seiner brustlangen Bartsträhnen um den Finger und betrachtete nachdenklich seine brave Frau, die, ohne es zu ahnen, im Begriff stand, eine Berühmtheit zu werden. Na, sie würde es verkraften, und außer Stinde und seinen Freunden würde es ja auch niemand erfahren. „Es sind Pakete gekommen!" sagte Mutter Eggers, zeigte auf einen Stapel neben der Treppe und eilte hinauf, der Wöchnerin bei der fälligen Abfertigung des energisch brüllenden Feldmarschalls behilflich zu sein. Mit Hilfe von Heinrich Wolfgang wurden die Kolli ins Arbeitszimmer befördert und ausgepackt. Das größere der Pakete enthielt die Belegexemplare zu den „Natursängern", die nun bei Elischer in Leipzig im Blitzverfahren erschienen waren, nachdem Seidel den empfangenen Vorschuß längst aufgezehrt hatte. „Das erste krieg ich!" bestimmte der Zwölfjährige und blätterte schon, an Giacomellis Bildern sichtlich mehr interessiert als an seines Vaters Texten. Der schlitzte das andere Paket auf und fand darin die Korrekturbogen zum zweiten Leberecht-Hühnchen-Band. Er beschloß, dem Buch nun doch eine Widmung an den Feldmarschall voranzustellen, die nicht nur seine (oder Agnes') Verehrung zum Ausdruck bringen, sondern auch dem Absatz des Büchleins dienen könnte. Dann kam die Abendpost und mit ihr die Hiobsbotschaft, die an diesem Tage noch gefehlt hatte: Storm war in Hademarschen gestorben.

Seidel saß an diesem Tag noch lange an seinem Schreibtisch. Die wenigen Korrekturen am „Leberecht Hühnchen" waren schnell erledigt. Nachdenklich durchblätterte er das wirklich prächtig geratene Buch mit den Vogelbildern Giacomellis. Seine Gedanken schweiften ab; die Kunst des hochbegabten Italo-Franzosen vermochte ihn heute nicht zu fesseln. Begeistert hatte er die Lebensbilder der Piepmätze geschrieben, hatte im „Schnellgang", weil der Verleger es wünschte, zu jedem der Vögel noch ein Gedicht verfaßt, immer angeregt von den zarten Zeichnungen, die Giacomelli zu dem ornithologischen Fachwerk „Nos oiseaux" von Alexandre Theuriet gemacht hatte. Erst später, als er längst im Besitz der stolzen Vorschußsumme war, hatte ihm der Verleger die ganze Wahrheit gesagt, daß er nämlich eigentlich das Buch Theuriets mit den Bildern Giacomellis in deutscher Sprache habe herausgeben wollen, daß ihm die Übersetzung aber nicht gefallen habe: trockenes Gelehrtenzeug, viel zu steif für die lebendigen Bilder, und sein Freund und Kollege Liebeskind habe ihm dann den „Odysseus" zu lesen gegeben, was ihn, Elischer, auf die Idee gebracht habe, den Seidel neue Texte zu den Giacomelli-Büchern schreiben zu lassen, denn „niemand kann so anschaulich und natürlich von den Vögeln erzählen, wie Sie, verehrter Herr Seidel", so stand es in Elischers Brief. Aber jetzt fanden seine eigenen Texte, wie sie da so schön gesetzt und kunstvoll umbrochen und von den kleinen

Kunstwerken des berühmten Zeichners eingefaßt auf dem kostbaren Papier standen, keinen Zugang zu ihrem Schöpfer. Und auch die Tatsache, daß nun in den nächsten Tagen die zweite Rate des ausgelobten Honorars, wieder eine schöne runde Anweisung auf tausend Goldmark, eingehen würde, konnte Seidel jetzt nicht erheitern. Er stand auf, holte den Band mit Storms Gedichten und suchte darin, bis er es gefunden hatte, dies wohlvertraute, oft nachgelesene, titellose Gedicht:

Es ist der Wind der alte Heimatslaut,
nach dem das Kind mit großen Augen schaut,
bei dem es einschläft, wenn er weiter summt,
der es erweckt, wenn jählings er verstummt;
bei dessen Schauern Baum und Strauch erbebt
und tiefer in den Grund die Wurzeln gräbt -

Was bist du anders denn als Baum und Strauch?
Du keimst, du blühst, und du verwelkest auch.

Storm war dahin, wie Baum und Strauch verwelkt, vom Wind, den er so geliebt hatte, weggenommen von seiner sommerlichen Marsch. Ich muß hier mal wieder 'raus, dachte Seidel. Es gab zwei Möglichkeiten: für ein paar Tage nach Schwerin zu Mutter Johanne in ihre Amtsstraße und in den Schatten der Schelfkirche oder – mit Johannes Trojan in die Rostocker Heide. Er brauchte wieder einmal das Rauschen der See und das Halblicht unter den Buchen von Pinnow oder die Stille beim „Wirtshaus zur Stranddistel" am Rosenort bei Graal oder den Untergang der Sonne hinter den Türmen Schwerins, im Sommer von Kaninchenwerder betrachtet, wenn das Gestirn mit „letztem Schimmer hinter dem Dom versank, der selbst schwarz und dunkel und stumm in diesem Glorienschein des Lichts dastand ..." Storm hatte diese kleine Novelle vom „Sonnenuntergang" besonders gelobt. Storm war nun tot und schlief den letzten Schlaf auf Haderslevhus. Die Lampe zischte. Seidel klappte den Stormband zu und fühlte sich müde. Er war sechsundvierzig Jahre alt. Er hatte Europas größtes Bahnhofsdach gebaut, drei Söhne gezeugt und ein Töchterlein verloren, er hatte auch schon ein paar Bäume gepflanzt und ein paar Bücher geschrieben und einen Feldmarschall zum Gevatter gewonnen. Was würde noch kommen?

An diesem Abend zwischen Trauer und Freude, zwischen Stolz und Müdigkeit beschloß er, seine Lebensgeschichte niederzuschreiben. Sowie „Leberecht Hühnchen" als Großvater zur Ruhe gesetzt sein würde, wollte er beginnen. Auch den Titel hatte er schon: „Von Perlin nach Berlin". Und dann würde er Agnes und sich noch den Traum vom eigenen Haus erfüllen wollen, wobei ein recht großer Garten dabei sein müßte, vielleicht irgendwo unten in der südlichen Bannmeile Berlins zwischen Teltower Rübchen, Kiefernwald und Johannisbeerplantagen.

Am nächsten Morgen schon meldete Seidel seiner Mutter nach Schwerin, daß er für ein paar Tage kommen würde, und sie solle keine Umstande machen.

Schwerin war wie immer. Seidel fand daran nichts

auszusetzen; das Fieber ständiger Erneuerung, das in Berlin grassierte, hatte ihn stumpf gegen jede Art von Fortschritts-gläubigkeit werden lassen. Was brauchte es „Fortschritt", was immer das hieß, wenn alles, wie hier, in der besten Ordnung war. Adolf Mahnke, den er am Schelfmarkt traf, trug nun die Forst-revisorenmontur, die zuvor sein Vater getragen hatte, und er feixte immer noch wie damals vor dreißig Jahren, als Heinrich zu Doktor Wex gehen mußte ins Gymnasium. „Na, Paster-Hein-erich, wo geiht di dat?" sagte Adolf zur Begrüßung, und Seidel hätte sich nicht gewundert, ihn in halber Höhe an der Linde hängen zu sehen mit seinen roten Haaren und seinen breiten Händen. Der Doktor Latendorf, immer noch wie damals schlank und fix, grüßte winkend über die Straße, nur daß er inzwischen einen Stock benutzte und die Dame an seinem Arm eine ausla-dende Matrone geworden war. Sein Mitschüler Peter Albert, inzwischen Inhaber der Hofapotheke, las die Zeit noch immer von seiner „Stullenbüchse", der überdimensionalen Repetier-uhr, ab, und aus Bäcker Trapps Laden duftete es wie eh und je nach „Appelstuten". Seidel erlag der Versuchung, einen Schil-ling anzulegen, erwarb das säuerliche, mit Kernhäusern und Apfelschalen angereicherte Backwerk und aß es, von den kopf-schüttelnden Blicken zweier alter Schachteln verfolgt, während er durch die Königstraße ging und vor dem Brandensteinschen Palais stehenblieb.

Dies, so kam ihm in den Sinn, wäre ein idealer Schauplatz für den Lebensroman dieses Stadtviertels. Hier müßte man einen aus der versunkenen Welt des Stadtadels in das Zentrum einer

Geschichte setzen, einen Herrn von Usedom vielleicht oder einen Brandenstein oder einen Lützow. Dieses Haus könnte nach hinten einen Hof oder einen Garten haben, durchgehend bis zur Apothekerstraße, dort mit rückwärtiger Einfahrt versehen, begrenzt von einem Eisengitter zur Straße hin, von einer Kemlade mit weinlaubtragender Südwand, von einer Loggia vor dem Gartensaal des alten Barockpalais, die einen Balkon trüge mit zierlicher Balustrade. Mitten in dem Gartenhof war ein Brunnen vorstellbar mit dünnem, unablässig rieselnden Wasserstrahl aus dem artesischen Untergrund, und seitab in der südwestlichen Hofecke ein riesiger schattender Nußbaum, bewohnt von Eulengetier, Feuerwanzen und Eichhörnchen. Unter dem Baum sah Seidel einen spärlichen Rasen, und vor dem Schmiedegitter auf der Mauer zur Apothekerstraße hin wucherten Seidelbast und wilder Hopfen, der seine trockenen tauben Dolden über den rostigen Zierrat des Gitters hängen ließ. In der Kemlade, unter der Wohnung des Hausdieners, schnaubte ein Pferd im Stall. Eine Katzentür in der Toreinfahrt gestattete dem rüstigen Kater Aus- und Zugang. Das Interieur des Palais entwarf sich schon von selbst; schwarzgedunkelte Ahnenbilder im kleinen Speisesaal, im Gartenzimmer hinter der Loggia eine französische Jagdtapete. Eine hohe Pendule mit verglastem, messingnem Zifferblatt, die asthmatisch rasselnd zum Glockenschlag Anlauf nahm und altersbrüchig die Stunde vorzählte. Kommoden und Truhen auf dem Gang im Obergeschoß, zu dem aus der Toreinfahrt eine breite, gewendelte Treppe führte. Dämmeriges Licht durch die farbigen Scheiben aus streifig-blasigem

223

Glas, vor dem draußen die Weinranken pendelten. Fehlte noch die Personnage: Da war ein greiser, altmodisch gekleideter Freiherr im Lehnstuhl, der den lieben langen Tag im Horaz las und im Cicero, dann seine früh elternlos gewordene Enkelin, ein zartes Freifräulein mit langen, schlanken Fingern und zierlicher Taille, die die ganze Idylle und das Vermögen des Freiherrn von Usedom oder Brandenstein oder Lützow einmal erben würde, und eine Bedienerin natürlich, ein flinkes, wuseliges Weiblein – Seidel überlegte einen Moment und bestimmte sie sodann zur Stummheit – und schließlich noch ein Kammerdiener, der sich um das Wohl des alten Freiherrn kümmerte, die Kamine heizte, die selten läutenden Besucher ins Haus führte, den Kater fütterte und den Papageien und den Seidel des Kolorits wegen in die Uniform eines Lützower Jägers steckte. Das Hausdiener-ehepaar in der Kemlade wäre noch auszumalen, er, in allen handwerklichen Vorkommenheiten und in der Pflege von Pferd und Kalesche geübt, sie, zugleich Köchin, von rundlicher Fülle, und beide mit plattdeutschem Dialekt ausgestattet. Dieses Hauswesen wäre nun an die Stadt anzubinden: Lieferanten, ein häufig zugehender Buchhändler, ein Klavierlehrer für das Frei-fräulein, der Hausarzt des Freiherrn, die Bäckersfrau, der Pfar-rer, der Notarius, der des Freiherrn Vermögen verwaltete, und in genau festgelegten Abständen ein pensionierter General, der zum Schachspiel erschien …

Seidel notierte alle diese Figurinen und Kulissen in seinem Kopf. „Das Palais" würde das Buch heißen, und im Untertitel „Roman eines Stadtviertels", und herauskommen müßte so etwas ähnliches wie Raabes „Sperlingsgasse" oder Storms „Immensee" oder Kellers „Seldwyla". Wäre eine Handlung überhaupt vonnöten? Könnte sie nicht einfach durch die Beschreibung dieser Existenz ersetzt werden? Konnte in solcher Welt überhaupt gehandelt werden? War das hier nicht das Symbol des Stillstands?

Das Palais lag still, seine Fenster waren verhangen, die Läden im Oberstock zugeschlagen. Der Fahnenmast über dem Giebeldreieck streckte sich schmucklos in den Himmel. Die Toreinfahrt war verschlossen; niemand, während Seidel seinen Appelstuten verzehrte und das Haus betrachtete, hatte sich diesem genähert. Nein, dieses Buch würde er nie schreiben. Gewiß, der Klavierlehrer könnte das Freifräulein lieben, und der Hausknecht könnte ein finsterer Schuft sein, und ein Amerikamüder könnte heimkehren und den Freiherrn um sein Vermögen bringen. Der Brunnen könne versiegen und der Kater vergiftet auf den kleinen Pflastersteinen des Hofes verenden und der Hausarzt fände das Freifräulein, in seinem Blute liegend, des unerreichbaren Klavierlehrers wegen oder umgekehrt: Der Klavierlehrer spränge vom nigelnagelneuen Domturm wegen des unerreichbaren Freifräuleins, und der alte Freiherr stürbe vor Gram und der Kammerdiener, der treue Husar, legte Hand an sich. Oder man konnte ja auch eine Idylle schreiben: der Freiherr entsagte dem alten Adel seines Geschlechts, damit der Klavierlehrer das Freifräulein heiraten könnte, und die beiden behielten den Kammerdiener nach dem seligen Tode des Alten, damit er sein Gnadenbrot äße im Lehnstuhl neben dem Brunnen, und das viele Geld würde das junge Paar für den Domturm stiften, wie es ja eben der Graf Bernstorff auf Wedendorf, wie zu hören war, tatsächlich getan. Na, Seidel wüßte besseres damit anzufangen. Überhaupt, was brauchte der Dom einen Turm. Hatte ja nie einen rechten gehabt. Nein, die Geschichte würde doch nicht geschrieben werden, so nicht und so auch nicht. Seidel schüttelte die letzten Krümel des Apfelstutens in die hohle Hand und verteilte sie an die Tauben und Spatzen, die an seines Vaters Kirche ihr Wesen trieben.

Für den nächsten Tag hatte er Kopsickers kleinen Einspänner gemietet und ließ sich in Begleitung von Mutter Johanne nach Perlin kutschieren. Die Mutter „weswarkte" wegen der Ausgabe, aber Seidel blieb unbeirrt. Über Lankow bis Lützow fuhren sie auf der neuen, glatten Lübecker Chaussee in leichtem Trabe dahin und bogen beim Lützower Krug in den alten Landweg nach Wittenburg, der in gutem Zustande war. Dann, bei Klein Renzow, über die Söringschen Hügel nach Perlin, das in seinem Grunde lag, wie es immer gelegen hatte und wie Seidel es in seinem Gedächtnis trug, seit er es vor fast vierzig Jahren verlassen und zum letzten Mal gesehen hatte. Mutter Johanne kletterte mit einer Behendigkeit, der man ihre fünfundsechzig Jahre nicht ansah, aus dem Wagen und wurde von der jungen Pfarrfrau sofort ins Pfarrhaus „abgeführt". „Ich komme nach!" sagte Seidel zum Pfarrer. Er trat durch die Pforte in den Kirchhof und umrundete, am Glockenstuhl vorbei, das graue Kirchlein. Der Efeu über dem Grab der Pfarrfrau Christiane Schmaltz war zu fast ungeheuerlicher Höhe gediehen und hatte die nahestehende Esche, die damals noch gar nicht dagewesen war, schon bis in die Krone umsponnen und mit armdicken Schlangenästen nahezu erwürgt. Aber ein schmaler Grund jenes weißen Sandes war noch da, in dem Heinrich gelegen hatte mit seinen Büchern. Es kam ihn die Versuchung an, sich wie damals, einfach wieder zwischen die Gräber in den sonnenwarmen Sand hinzulegen, aber dann obsiegte doch die Vernunft. Wie das wohl aussähe: der Herr Seidel aus Berlin, im grauen Reiseanzug, mit Vollbart und Uhrkette, zwischen den Gräbern ausgestreckt und lesend … Die zahllosen kugligen Nester der Schwalben an den gotischen Gurtbögen des Chores waren noch da und jetzt im hohen Sommer zahlreich bewohnt; aufgeregt schoß das Schwalbenvolk mit zirpendem Geschrei über die Gräber hin. Die wievielte Schwalbengeneration mochte da gerade heranwachsen?

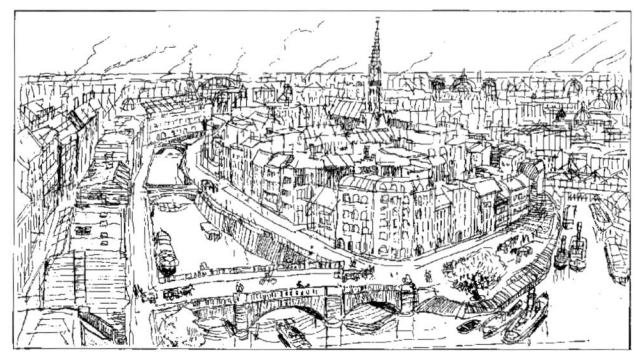

Als Seidel nach Berlin zurückkam, allerlei Strickgaben für den jungen Feldmarschall im Gepäck und mit Mutter Johannes Zusicherung, nun ja endlich bald nach Berlin zu kommen, um Kind und Häuslichkeit in Augenschein zu nehmen, hatte er seinen Plan gefaßt. „Von Perlin nach Berlin" mußte geschrieben werden und dann, gleich hinterher, die Geschichte der eigenen Kindheit und Jugend, in einen Abenteuerroman gepackt, der etwas von Robinsonade haben sollte und etwas Plattdeutsches auch und in dem die Landschaft seiner Kindheit und die Stadt seiner Jugend aufgezeichnet waren, ehe sie dort anfingen, noch mehr neue Domtürme und ähnliche babylonische Monumente zu errichten. Noch lebte ja alles.

Der Plan mit dem Häuschen war gut gedacht, nur fehlte, wie immer, das Geld. Ja, Agnes könnte nun doch einmal „an die Reserven gehen". Aber zum Bauen würde es nicht reichen. Das war denn doch zu teuer. Und in der Stadt sowieso nicht. Seidel hätte sich gern mit Trojan beraten, aber der war im Auftrag seiner Redaktion nach Amerika gereist. Er hatte zwar versucht, Seidel zum Mitkommen zu überreden, aber der hatte keine Lust und vor allem keine Redaktion hinter sich, die die Reise bezahlte. Er zitierte seinen Brinckman aus dem Gedächtnis, und wie schön paßte der doch auf Trojan: „Jehann, bliw hier, bliw hier, Jehann! Wat wist du in Amerika ...!" Er für seinen Teil ließ Amerika zu sich kommen: Mark Twain, den er seit langem bewunderte, war in Berlin mit einem Vortrag im „Tunnel" angekündigt. Die alte, seit langem schon vor sich hin sterbende literarische Gesellschaft lebte hin und wieder noch einmal auf. Jetzt war es Mark Twain, der diese neue deutsche Reichskapitale halb bewundernd, halb verächtlich durchstreifte. Bei der Aufstellung des Neptunbrunnens von Herrn Begas sah ihn ein Reporter der „Vossischen", wie er, während schwarzgekleidete Herren mit Zylinderhüten oder Militärs in vollem Wichs der Einweihungszeremonie beiwohnten, der Hofmarschall von Putlitz darunter, der Kronprinz vorneweg und die ganze „jute Jesellschaft" Berlins, mit beiden Händen in den Hosentaschen dastand, seinen Stetsonhut in den Nacken geschoben und die Zigarre zwischen den Lippen rollend. „Der berühmte amerikanische Dichter Mr. Mark Twain schien die erhebende Zeremonie eher vergnüglich zu finden und wohnte dem Festakte mit ironisch geschürzter Oberlippe und dampfender Havannah bei" schrieb der Berichterstatter. Könnte von Trojan sein, dachte Seidel, aber der war ja seinerseits

229

selbst in Amerika, wo er vielleicht mit ähnlich süffisanter Geste eine geheime Whiskey-Brennerei inspizierte. Der „Tunnel", dessen Versammlungen allerdings schon lange nicht mehr Hinter der Katholischen Kirche im Café „Belvedere" stattfanden, das längst verschwunden war, tagte in einem Lokal in der Französischen Straße, dem seit alten Zeiten der Name „Zur langsamen Vergiftung" anhing und das einmal, als Ernst Kossak noch Chef beim „Kladderadatsch" gewesen war, den Ruf einer Journalistenkneipe hatte und einer Neuigkeitenbörse. Aber auch dieser Ruf war dahin, das Etablissement war gutbürgerlich geworden und hatte den Namen des neuen Kaisers auf seine Speisekarte gesetzt.

Mark Twains Lesung – er las in seinem stark amerikanisierten Englisch ein paar sarkastisch-lustige Schnurren aus dem Leben eines Journalisten – war gut besucht, aber die meisten Anwesenden verstanden natürlich nur die Hälfte und die andern fanden den Yankee doch einfach zu wenig distinguiert.

Seidel faßte sich ein Herz und schleppte den nur schwach protestierenden Gast zunächst in die Potsdamer Straße in Knoops Weinstube, wo sonntags zwischen ein und drei Uhr nachmittags der „Allgemeine Deutsche Reimverein" tagte. Diese von Emil Jacobsen gegründete Vereinigung mochte vielleicht eine angenehmere Gesellschaft für Mark Twain sein als das eher behäbige Tunnel-Publikum. Hier verkehrten Ludwig Pietsch und Seidels Freund Julius Stinde sowie Jacobsen, der wie Stammgast Trojan aus Danzig stammte, im „Zivilberuf" mit

Pharmazeutika handelte und als einer der verrücktesten Berliner dieser Jahre galt. Mit einem Riesenaufwand hatte er es vor ein paar Jahren geschafft, die gute Stadt Bernau an ihre Erstürmung durch die Hussiten unter Holy Prokop im Jahre 1432 zu erinnern und sie förmlich aufgewiegelt, die vierhundfünfzigste Wiederkehr dieses denkwürdigen Jahres mit einem Hussiten-Fest zu feiern. Sogar die kronprinzliche Familie war ihm auf den Leim gegangen, und drei Tage lang feierte die ganze nördliche Mark Brandenburg in Bernau auf eine Art und Weise, wie sie dem braven Bürger schier unheimlich sein mußte und ihn dennoch ergriff und in den unerhörten Taumel hinein mitriß. Pietsch hatte die Vorgänge in Bernau für die „Vossische" beschrieben.

„Über volle drei sonnige, wonnige Maitage ist dieser tolle phantastische Festnachtstrubel größten Stils über das stille Städtchen hereingebrochen, zum Staunen, zum Schrecken, zum Jubel der Bauern und Knechte, der Weiber und Kinder, zum Entsetzen der Gendarmen, bis es den geduldigen städtischen und Polizeibehörden doch zu bunt wurde und die Bürgerschaft froh war, sie, die Geister, die sie rief, endlich los zu werden, die, wenn auch zwar lachend und ohne irgend ernsten Schaden getan zu haben, wahrhaft hussitisch und wie in einer eroberten Stadt gehaust haben sollen ..."

Urheber dieses Spektakels war jener Emil Jacobsen, der Apotheker und Dichter aus Danzig, der nicht nur alle die Schauspieler und Musiker und Studenten und Künstlervolk aus Berlin in hussitische Rüstungen und Gewänder gesteckt hatte und die grandiose Eulenspiegelei inszenierte, die eigentlich alle preußische Bravheit ernsthaft in Frage stellte, sondern diesen genialen Schurkenstreich auch noch obrigkeitlich absegnete, indem er des Kronprinzen Lust am Soldatenspiel in den Dienst seiner Burleske gestellt hatte. Dieser Jacobsen nun, Präside des „Reimvereins", setzte seinen Ehrgeiz darein, die Philister und Dilettanten zu verulken, wo es nur ging. Seidel, Trojan, Stinde und Pietsch halfen ihm dabei, wo sie nur konnten. Für Jacobsen „Äolsharfenkalender", der nichts anderes war als eine opulente Vergackeierung jeglicher Form von literarischer Impotenz, von gelackter Dummheit und borniertem Kunstbetrieb von Ange- bern, Schwachköpfen, Dilettanten und Schöntuern, schrieben die Parodien und Reimkunststücke wunderlichster Natur. Wie abgekartet dieses bukolische Spiel war, zeigte sich an der Tatsache, daß die berühmte Zeitschrift „Die Äolsharfe" nur als Nummer 8 im 3. Jahrgang erschien. Alle Mitarbeiter des Unter- nehmens hatten ihre Pseudonyme. Der Mäzen selbst nannte sich stolz „Hunold Müller von der Havel" und tauchte übrigens auch als „Dr. Havelmüller" in Seidels Leberecht-Hühnchen-Buch auf. Heinrich Seidel trug den Harfen-Namen „Johannes Köhn- ke" und figurierte als jugendliches, aber verkanntes Dichter- genie. Ludwig Pietsch brachte den bildnerischen Teil seiner künstlerischen Doppelbegabung ein und lieferte die köstlich- sten Karikaturen. Julius Stinde posierte als Theophil Ballheim, Inhaber einer Dichterlehranstalt. Trojan hieß Theodor Janzen und verfertigte tollkühne literarische Fragebögen, in denen die befragten Pegasusjünger Auskunft zu geben hatten, ob sie ad 1) lieber bei Tag oder in der Nacht, ad 2) gleich ins Reine oder erst ins Konzept, ad 3) mit Hilfe von Alkohol oder Tabak, ad 4) leicht oder unter Schmerzen und ad 5) mit oder ohne inneren Antrieb dichten täten? Und warum?

Dieser merkwürdige Verein war für Mark Twain das gegebene Terrain, seine eigene, von den „Literatologen" preußischer Prägung nur schwer oder gar nicht verstandene Philosophie zu erläutern, und es kam in Knoops Etablissement zu einer außerordentlichen vergnügten und mit größeren Mengen „sauren Rheinweins" befeuchteten Sitzung, die dem Amerikaner sichtlich besser gefiel als die weihevolle Dichterlesung vor Spitzbäuchen und Lorgnons. Noch lachend, ziemlich angeheitert und mit brennenden Zigarren bestiegen schließlich Stinde, Seidel und Mark Twain eine Droschke und brachen unheroisch in den Seidel-Eggersschen Familienfrieden am Karlbad 11 ein. Agnes erschrak nicht wenig, faßte sich aber und bugsierte die Herren in Heinrichs Arbeitszimmer, wo an den Gardinen ohnehin nichts mehr zu verderben war. Wolfgang, eben aus dem Gymnasium heimkehrend, vernahm staunend die Kunde, wer da Gast im Hause sei, und erschien in Blitzesschnelle mit seinem „Tom Sawyer" in der Hand, um des berühmten Amerikaners Signatur zu erbitten. Ja, der war ein richtiger Dichter! Seinen Vater nahm er in dieser Hinsicht doch nicht für voll.

Mark Twain kam am nächsten Tag, nun nüchterner und ohne die Yankee-Attitüde, die er meist zum Schutze seiner Seele gegen europäischen Stumpfsinn aufzusetzen pflegte, noch einmal zu Besuch. Seidel empfing die Freundschaft des sieben Jahre Älteren wie ein Geschenk. Der lebte zwar im gleichen Jahrhundert wie er selbst, aber irgendwie schien er ihm um ein Jahrhundert vorauszusein, eben um das vielzitierte „amerikanische Jahrhundert". Frei war dieser Mann in mancherlei Hinsichten und Verhältnissen, in denen Seidel es nicht war: Konventionen galten ihm nichts, gesellschaftliche Unterschiede, zum Beispiel zwischen Adel und Bürgertum, fand er schlichtweg lächerlich. Ihm war seine Selbstverwirklichung wichtiger als jede Art von vorauseilender Subordination. Er kam als Sinnbild Amerikas, und wenn er auch etwas laut war und polternd und die in Berlin ganz und gar unmögliche Gewohnheit hatte, den Damen bei der Vorstellung händeschüttelnd die Finger zu zerquetschen und dazu „I'm so happy to see you!" zu schreien, was sich etwa so anhörte wie „Aimßohäppzjuh!", so fand Seidel das eigentlich überhaupt nicht unangenehm, jedenfalls am zweiten Tage ihrer Bekanntschaft schon gar nicht mehr. An diesem zweiten Tag sprachen sie ernsthafter und ziemlich lange miteinander. Seidel interessierte sich besonders für die Art und Weise, wie Mark Twain (Mr. Clemens) im „Tom Sawyer" bei aller Burleske und in all der Turbulenz doch die Ernsthaftigkeit und die Aufrichtigkeit der Seele seines noch halb kindlichen Helden leuchten ließ und wie er zwischen den derben Abenteuern und tollkühnen Streichen Huckleberry Finns Menschenwürde niemals in Frage stellte. Ihre Unterhaltung, die aus sprachlichen Gründen auch nicht einen Moment ins Stocken geriet, obwohl der eine fast kein Englisch, der andere nur ein höchst sonderbares „Pidgin-Deutsch" sprach, war für beide sehr erquicklich. Seidel schenkte seinem Gast die kürzlich erschienene Nummer der „Gartenlaube" mit der kleinen Erzählung „Der Tausendmarkschein". Und als er am dritten Tag ihrer neuen Freundschaft seinen Gegenbesuch in Mark Twains Berliner Quartier in der Körnerstraße machte, hatte der mit Hilfe seines Agenten die Geschichte bereits übersetzen lassen. „Kommt in ‚Newsweek'! Bringt twenty Dollars, my friend!" begrüßte er Seidel und schwenkte die Übersetzung. Dann fügte er hinzu, er werde sich erlauben, dieser Geschichte eine amerikanische Variante anzufügen, Seidel werden schon sehen: In Amerika wäre eben alles ein bißchen größer. Und Seidel wunderte sich überhaupt nicht, als ein Jahr später unter Streifband eine Nummer von „Potters Magazine" mit der Post ankam, worin eine Geschichte von Mark Twain abgedruckt war. Sie hieß „The 1 000 000 £ Bank Note". Ja, wahrhaftig, in Amerika war alles ein bißchen größer, und Seidel beschloß, nun nicht gleich aus dem „Tom Sawyer" seinen „Reinhard Flemming" zu europäisieren, wie Mark Twain seinen Tausendmarkschein amerikanisiert hatte, aber doch, bevor er mit der Niederschrift begann, den „Tom Sawyer" noch einmal zu lesen.

„Von Perlin nach Berlin" war inzwischen erschienen und, wie der dritte Hühnchen-Teil, gleich ein Erfolg geworden. Das geträumte Häuschen im Grünen war nähergerückt. Seidel fuhr mit Agnes nach Groß-Lichterfelde hinaus, wo sie sich unter den zum Verkauf stehenden Häusern umsahen. Sie fanden schließlich eines in der Boothstraße, daß von seinem Erbauer in einem beinahe-fertigen Zustand verkauft werden mußte, weil er in Konkurs gegangen war. Sie entschlossen sich schnell; Agnes stimmte zu, auch wenn ihr etwas „schwummerig" wurde bei dem Gedanken, daß ihr Kapitalchen nun würde dran glauben müssen. Die ängstlich gehütete Sicherheit, die in all den Jahren auch bei knappsten Einkünften doch beruhigend im Hintergrund stand, würde nun aufgegeben werden müssen. Gewiß, das Haus war ja auch eine Sicherheit, aber dennoch. Wohl war Agnes nicht, aber Heinrich würde es schon recht machen, wie immer. Manchmal war ihr mulmig zumute. Um sich selbst sorgte sie sich nicht, auch wenn ihre Gesundheit unter den fünf Geburten und durch Claras Tod gelitten hatte – Gottvertrauen hatte sie ausreichend. Aber die drei Söhne? Wolfgang schickte sich an, Pfarrer zu werden. Merkwürdig: In der Linie der Seidels schien die Frömmigkeit immer eine Generation zu überspringen. Der Ururgroßvater taufte den Feldmarschall. Der Urgoßvater war Arzt. Der Großvater wieder stand auf der Kanzel in Perlin und Schwerin. Der Vater war Ingenieur und Dichter. Und der Sohn würde wieder auf die geistige Seite dieser familiären Ambivalenz zurückkehren ... Werner, Sohn Nummer zwei, wollte Baumeister werden und quälte sich, lustlos wie weiland Papa, durch die alten Sprachen. Helmuth, Nummer drei, stand die Einschulung bevor. Alle waren sie doch noch und sicher noch für lange Zeit vom Elternhaus abhängig, und Heinrich würde noch manche Zeile schreiben müssen, bis alles geschafft war. Und nun das Haus ...

Seidel hatte seine Zukunftspläne allerdings inzwischen

einigermaßen absichern können. Dr. Alfred Kroener, Inhaber des weltberühmten Verlagshauses Cotta, hatte mit einem recht guten Vertrag alle Werke, die schon erschienenen und die noch zu schreibenden, in seinen Verlag übernommen, als die Firma Liebeskind erlosch. Nur die „Natursänger" wollte er nicht bei Elischer loseisen, das Buch war wunderschön, aber zu teuer. Es „lag wie Blei". Ja, wenn die Vögel in dem Buch auch noch so singen könnten … Gemalte Vögel, welche singen …! Aber sie sangen nicht. Trotzdem konnte Seidel mit dem Vertrag zufrieden sein. Das Haus Cotta übernahm auch die bisher bei Liebeskind eingeführte einheitliche Ausstattung der Bücher und brachte daneben billigere „Volksausgaben" in größerem Format heraus. Und die Zeitschriften, denen sich Seidel jahrelang hatte andienen müssen durch die „Einsendung" von Manuskripten, kamen jetzt von allein und erbaten Beiträge. Zum ersten Mal war Heinrich Seidel sogar in der Lage, Absagen zu erteilen, wenn ihm eines der Blätter nicht gefiel oder wenn die angebotenen Honorare zu bescheiden waren. Leberecht Hühnchen hatte das Seine getan. Seidel war „durch", wie man das in Schriftstellerkreisen nannte, wenn einer, was selten vorkam, endlich vom Ertrag seiner Schreiberei gesichert leben konnte. Es waren aber auch, seit John Brinckman Seidels Nashornkäfer „ein nobles Tier" genannt und sein Märchen gelobt hatte, dreißig Jahre vergangen.

Der Umzug nach Groß-Lichterfelde wurde ohnehin notwendig, nachdem Karl Eggers beschlossen hatte, seinen Wohnsitz nach Rostock, genauer nach Warnemünde, zurückzuverlegen, um dort seinen Lebensabend zu verbringen. Der mecklenburgische Staat zahlte ihm eine noble Pension auf die juristischen Ämter, die er innegehabt hatte, und Berlin wurde dem stillen Philosophen einfach zu laut. Das Haus Am Karlsbad wurde an einen Diplomaten verkauft.

Mit dem Umzug nach Groß-Lichterfelde begann, zunächst noch unmerklich, Heinrich Seidels Rückzug aus der literarischen Szenerie Berlins. Ludwig Pietsch bemerkte dazu in einem Artikel für die „Gartenlaube": „Er wohnt in Groß-Lichterfelde! Man empfiehlt ja geistig arbeitenden Menschen gegenwärtig so dringend, ihren Wohnsitz in einer der zahlreichen Vorortskolonien zu nehmen, wo sie, vom lärmenden Treiben der Großstadt ungestört, vom frischen Hauch des Waldes und der Gärten umweht, gesammelt und ruhig ihrer Familie und ihrer geistigen Arbeit leben könnten. Aber der innigere gesellige, ja auch freundschaftliche Zusammenhang mit den Bekannten in der Stadt wird durch eine solche Wohnsitzwahl unerbittlich abgeschnitten. Die Verbindungen mögen ja leicht, bequem und nur mäßig zeitraubend sein, man scheut aber vor ihrer Benutzung mehr und mehr zurück, und schließlich schläft der Verkehr zwischen den in einem Vororte und den in der Stadt Berlin selbst Gebliebenen völlig ein …"

Nun, noch fuhr Seidel, besonders in der ersten Zeit, als ständig irgendwelche Dinge für die Einrichtung des Hauses und die Kultivierung des Gartens herangeschafft werden mußten, recht gern mit „seiner" S-Bahn in die Stadt hinein. Ein wenig genoß er es wohl auch, „daß bei dieser Fahrt der Zug nur über

Brücken geht, die von mir konstruiert worden sind, und daß, wenn ich in die mächtige Halle einfahre, alles Eisen, das man sieht (…), einmal durch meinen Kopf gegangen ist und daß in dem ganzen Gewirr von Stangen, Platten und Sprossen und dergleichen kein Teilchen ist, dem nicht einst von mir der Platz angewiesen worden wäre …" Die Gegend, in der er jetzt wohnte, war ein unübersichtliches Gewirr aus fertigen, halbfertigen und angefangenen Straßen und urwüchsig-grundlosen Wegen zwischen eingezäunten Grundstücken, Obstgärten, Spargelfeldern, Johannisbeerplantagen und Bretterbuden. Sie war übrigens, was Seidel durchaus interessierte, durch die Tatsache geadelt, daß hier am 15. Mai 1881 die erste elektrische Eisenbahn der Welt eingeweiht worden war. Im übrigen sei „Lichterfelde eine Gartenstadt oder vielmehr ein Gartendorf. Hier gibt es langweilige und lustige, stilvolle und regellose Villen und Karyatiden und fidele Landhäuschen mit Erkern, Türmchen und bunten Giebeln, düstre Särge von dunkelroten Ziegeln und schneeweiße Putzkästen … In diesen Häusern wohnen nun verschiedenartige Leute, die von Groß-Lichterfelde nur ihr Haus und ihren Garten und den Weg zum Bahnhof kennen, Gelehrte, Künstler, Professoren, Schriftsteller und andere Geistesarbeiter, Beamte, Offiziere und Rentner." So beschrieb er es gern und ließ es auch so drucken, als ihn seine treue Familienzeitschrift „Daheim" um eine Charakteristik seines neuen Lebensbezirks bat. Er ahnte aber wohl schon in seiner aufgesetzten Lustigkeit, daß ihm hier sein Abstellgleis bereitet war. Pietschs Feststellung stimmte durchaus; nach und nach wurden die Fahrten in die

Stadt seltener, die bequemen kurzen Wege in den Knoopschen Sonntagsverein oder in die „Langsame Vergiftung" fielen weg, der Sonntagsspaziergang im lieben Tiergarten wurde durch Gartenarbeit ersetzt. Und was sollte er auch im Tiergarten. Fontane konnte er dort nicht mehr treffen, der war 1898 gestorben. Nur Trojan und Stinde fanden den Weg hinaus nach Lichterfelde; die Freunde und Bekannten hatten sich gleich ihm in einem der neuen Vororte verkrochen. Einmal brachte Trojan Skarbina, genannt „Bruske der Leichenmaler", mit, der 1888 endlich Professor an der Kunsthochschule geworden war, es aber mit deren Direktor, seinem Rivalen Anton von Werner, nicht gut aushalten konnte und den „Bettel", wie er es geringschätzig nannte, 1893 wieder hinwarf. Er konnte es sich leisten; der Hof beschäftigte ihn mit großen Auftragsbildern, und die Kunstakademie hatte ihn in ihren Senat berufen. Alle diese hohen Ehrungen hatten seinem plebejischen Charakter und seiner praktischen Lebensnähe nichts anhaben können. Der kam in einem dieser neuen, stinkenden und knatternden Automobile nach Lichterfelde. Trojan kletterte steifbeinig aus dem Fond des Wagens und zerrte sich die von Skarbina ausgeliehene Lederkappe vom Kopf. Es war einer der wenigen Tage der Ausgelassenheit, die Seidel mit den Freunden in Lichterfelde erlebte. Sie nannten ihn nun natürlich „Leberecht Hühnchen" und verlangten seinen Johannisbeerwein zu probieren. Seidel verspottete Skarbina des Automobils wegen, und der, wie früher schon, parierte gekonnt und verteilte Seitenhiebe auf Trojan, der gerade eine Festungsstrafe wegen Majestätsbeleidigung in

Weichselmünde abgesessen hatte: „Det haste nu davon, Trojan, Kiek mich an! Ick beschimpfe ihn nich, ick mal' ihn ab. Det is zwar ooch 'ne Art von Beschimpfung, aber er merkt det nich!" – „Und die Kunst, Bruske?" – „Kunst! Wenn ick det Wort schon höre! Kunst!! Als ick noch die nackten Selbstmörderinnen in der Anatomie jemalt habe, det war Kunst. Kunst, Trojan, is für die Jungen. Wer Kunst macht, hungert. Wir Ollen brauchen Jeld!" – „Nana, Bruske! Nu man nich so uff det hohe Roß!" sagte Trojan – „Det stimmt doch, Mensch. Kiek mal unsern Seidel an. Drei Söhne! Jenau wie ick! Wat meinste, wat die kosten! Da kommste mit Kunst nich weit …"

Seidel fand, daß Skarbina recht hatte. Sie tranken den tatsächlich gelungenen Johannisbeerwein „aus eigenem Gewächs" mit Gesichtern, als hätten sie 1874er Jonnhannisberg aus der kaiserlichen Hofkellerei im Glas, und Seidel äffte den Bauunternehmer nach, der ihm die Innenarchitektur seines Häuschens verschönen wollte. „Könn' Se haben Cuvre poli oder Messing oder Schtuck. so viel Se wollen, Schtuck hat man jetzt doch überall!" und Trojan erzählte von dem Korb Krebse, die Seidel per Express an den „Festungsstubengefangenen Nr. 5" geschickt hatte, und wie sie die Krebse auf der Bastion der Festung verspeist hatten, lauernd umkreist von den Wachsoldaten, die auf die Brosamen warteten. Dann fuhren sie wieder ab mit dem knatternden Ding, und es wurde wieder Stille in der Boothstraße in Groß-Lichterfelde.

Mutter Johanne hatte das neue Heim nicht mehr kennengelernt. Sie war 1896 gestorben. Ihre Beerdigung auf dem

Nikolaifriedhof in Schwerin, an der Seite Heinrich Alexanders, verlief ohne Aufsehen. Die kleine Wohnung in der Amtsstraße, die noch hin und wieder Heinrichs „Außenstelle" in Schwerin gewesen war, wurde aufgelöst. Seidel ließ sich zum Kaninchen-werder hinüberrudern und „nahm Maß" für seine Insel Uhlen-berg, die einen der Hauptschauplätze seines Romans bilden sollte. Seit zwei Jahren schon schrieb er daran, und 1899 konnte der erste Teil des „Reinhard Flemming" erscheinen. Nie vorher hatte Seidel eine so große Erzählung geplant oder gar ausge-führt. Auch der „Leberecht Hühnchen" war in der ihm eigenen und vertrauten Methode aus einer Verkettung von Episoden entstanden. Nun sollte die Geschichte seiner Jugend in ein Buch gefaßt werden, das von ganz anderer Art war. Und je weiter er die erzählte Geschichte von sich selbst wegrückte ins Allgemeinere, je mehr er aus seinem jugendlichen Ich und seinen Erfahrungen und Träumen, seinen Siegen und Niederlagen eine neue Figur schuf, die er in treuer Erinnerung an seinen Jugendfreund „Reinhard Flemming" nannte, desto mehr griff die Sache aus und wurde länger und breiter. So mußte sich auch die Methode seiner Arbeit ändern. Täglich saß er nun, streng nach der Uhr, seine Schreibstunden ab und hatte manchmal das Gefühl, nicht voranzukommen. Das Gedicht, das man in einer glücklichen Abendstunde hinschrieb, die kurze Geschichte, die einem nach zwei, drei Schreibtagen zum Ende gedieh, die Novelle, die auch bei größeren Arbeiten wie dem „Odysseus" oder dem „Daniel Siebenstern", damals doch in drei oder vier Wochen vom Tisch war und dann schon bald im Blatt oder im Buche stand – das war nun vorbei. Jetzt hieß es durchhalten. Seine vorsichtige Planung, „Reinhard Flemmings Abenteuer zu Wasser und zu Lande" in zweihundertfünfzig Druckseiten unterzubringen, gab er schon bald auf. Die Figuren entwickelten ihr Eigenleben und gingen Wege, die er ihnen nicht von vornherein vorgeschrieben hatte. Und die Landschaft der Kindheit, die in seiner Seele lebte, wollte nun aufs Papier, alle die Seen und Seelein, die Bäche und Flüsse, die Eichen und die Erlen und was an und in ihnen lebte und kreuchte und fleuchte, alles wollte seinen Platz, ein Ausschnitt war nicht zu machen, das Ganze mußte es sein. Er bemerkte an sich, daß er, wohl durch unbewußte Beobachtung geschult, plötzlich ohne große bildnerische Anstrengung haarscharf zu schildern verstand. „Ich habe die Beobachtung gemacht, daß man in seiner eigenen Wohnung mehr Kälte ertragen kann als in einer fremden", sagte er zu Agnes. Die las, was sie früher nie getan hatte, die Blätter ihm unter der Hand weg. Früher: „Ich les' es, wenn's gedruckt ist, Heinrich. Oder lies es mir vor!" Dazu war er meist zu faul gewesen, es sei denn, sie hatte ihren Bügeltag. Sie bügelte gern allein; die Waschfrauen waren ihr zu fix, und sie bügelte gern im Sitzen, weil ihr das Kreuz sonst bald wehtat. Und wenn Heinrich dann zu bewegen war vorzulesen, war ihr das Bügeln ein Fest. „Schade, schon alle, Heinrich!" sagte sie, wenn sie die letzte Unterhose beim Wickel hatte, denn sobald sie fertig war, hörte er auch auf mit dem Lesen. Jetzt fragte sie schon beim Abendessen. „Wieviel Seiten, Heinrich?" und spannte aufs Lesen.

1902 wurde Heinrich Seidel sechzig Jahre alt. Er hatte noch die Saturnalien zu seinem Fünfzigsten nicht recht verdaut, da waren die zehn Jahre schon wieder um. Die Zeit begann zu rasen. Der Reinhard Flemming schrieb sich langsam, jeden Tag ein paar Absätze, manchmal nur eine Periode, manchmal nur ein Satz. Die Zigarren halfen nicht voran. Daß er vor dem Text still da saß und an die Wand starrte, wo das schwarzgedunkelte Ölbild seines Vaters hing mit dem gespreizten Bäffchen unter dem Kinn, das kam nun öfter vor. Mit seinen Augen fixierte der gemalte Vater den Sohn. „Weiter, Heinrich. Weiter!" Und so fiel wieder ein Satz aufs Papier. Und links und rechts von seinem Vater, da standen Mr. Mark Twain vom Mississippi und Johann Gottfried Schnabel auf seiner Insel Felsenburg und Hoffmann, dem der Kater Murr auf der Schulter saß, und Storm, der Alte, winkte mit seinem Knotenstock vom Marschendeich, und manchmal lugte auch Braesig hinter Vaters Bilderrahmen vor und Kasper-Ohm spalkte durch die Dämmerung, und manchmal fand Agnes ihren Heinrich eingeschlafen in seinem Schreibstuhl, und manchmal – oh weh! – gar mit der brennenden Zigarre, deren weiße Asche auf den zertretenen Teppich unter seinem Schreibtisch fiel. Seidel war oft so müde. Und irgend etwas drückte auf seinen Leib, nicht aufs Herz, mehr über dem Nabel, in der Mitte. Dann lehnte er sich streckend zurück in den Stuhl und preßte die Hand auf den Mangen. „Rauch nicht so viel!" – „Ja, mein' Agnes. Ja."

Sechzig Jahre! Nun hatte er seinen Vater schon um ein Jahrzehnt überholt. Er sagte niemand etwas von dem herandrohenden Jubeltag, und doch blieb es nicht verborgen. Die Rostocker Universität verlieh ihm, was ihn sehr überraschte, ihre Ehrendoktorwürde. „Nun stehst du ganz neben Fritz Reuter!" sagte Heinrich Wolfgang, der aus dem Vikariat auf Urlaub gekommen war, um Vaters Ehrentag mitzufeiern. Heinrich Seidel winkte ab. „Nana! Fritz Reuter! Den kann man nicht einholen, Wolfgang!" Zu Agnes sagte er: „Daß du nun nicht etwa so'n Schild machen läßt wie Luise Reuter in Eisenach. So'n Schild, weißt du? ‚Dr. Heinrich Seidel. Vormittags nicht zu sprechen'! Doktor Heinrich Seidel – nee, den Düwel ok." Er brannte eine von den Geburtstagszigarren an und ging, trotz des warmen Juniwetters, mit seiner Melone auf dem Kopf in den Garten. Einen Moment lang spiegelte die Glastür der Veranda seine Erscheinung, und Seidel betrachtete sich im Vorbeigehen: ein bärtiger, fülliger, in den Schultern schon etwas „gesackter" Kerl in Hemdsärmeln und Weste und ohne Kragen, mit der Zigarre im Mund und der Melone auf dem Kopf, und er dachte in einem Anflug von Selbstironie und als würde Skarbina ihm den Satz soufflieren: „So siehste nu aus, Seidel: Melone, Weste und Zijarre, halb 'n Spießer, halb 'n Clown." Der Gedanke belustigte ihn. Er riß eine Traube vom schwarzen Johannisbeerbusch und knabberte mit seinen schadhaft gewordenen Zähnen die bittersauren Früchte von ihrer Rispe. Der herbe Speichel brannte in seinem Magen. Hinten in der Tiefe des Gartens saß der baumlange Werner, die Zeitung lesend, die Beine der Behaglichkeit wegen über die Brüstung der Laube gehängt. „Was ist, Papa?"

Seidel zog das Telegramm aus der Tasche. „Doktor Papa,
bitte!" sagte er. Werner studierte die Depesche. „Wird aber auch
Zeit, Papa!" sagte er. „Ja, mein Junge, mancher muß eben lange
studieren."

Den „Reinhard Flemming" schaffte er nicht mehr ganz. Noch
zwei Jahre hockte er gekrümmt an seinem Tisch. Er hatte nie,
von dem Sturz beim Bahnhofsbau einmal abgesehen, ernsthaft
einen Arzt gebraucht. An Heinrich Wolfgang schrieb er vorsorg-
liche Briefe. „Ich quäle mich mit Reinhard Flemming so sachte
weiter und komme mir vor wie ein Taschenspieler, der endloses
Papierband aus seinem Schädel spinnt …" Als der Magen
endgültig streikte und nichts mehr annahm, ließ er den Doktor
Rühl an sich heran. Der war eigentlich für Agnes zuständig und
für die gelegentlichen gesundheitlichen Probleme der „Herren
Söhne". Dann starb Stinde, und Seidel schluckte einen warmen
Heidelbeerwein, den der „Rohrschlosser" Dr. Rühl verordnet
hatte. Die Bäume um ihn fielen. „Auch den Jacobsen hat der
Förster schon gezeichnet", sagte er, als Trojan ihm am Telefon
erzählte, daß der „Doktor Havelmüller" eine Herzattacke erlitten habe. Ach ja, das Telefon. Es kam in seinem Todesjahr ins
Haus. Agnes faßte das Ding nicht an, wenn es klingelte, sondern
kam in den Garten oder in seine Arbeitsstube, um Bescheid zu
geben. „Es klingelt!" sagte sie.

Erst als Seidel nicht mehr im Hause war, nahm sie den Hörer
selbst ab. Sie tat es mit Angst. Die Stimme des Chefarztes klang
besorgt. „Sie sollten kommen, Frau Seidel. Es sieht nicht gut
aus."

Im Krankenhaus Groß-Lichterfelde hatte Geheimrat Riese, assistiert von den Sanitätsräten Rühl und Pyrkosch, den Versuch unternommen, Seidels Magenkrebs zu operieren. Nicht, daß die Operation mißlang – es war nur zu spät. Fünf Tage lebte er noch. Die Taschenuhr seines Vaters lag auf der Bettdecke. Niemals mehr würde er sie aufziehen. Mit seinem Leben lief sie ab am 7. November 1906.

ZEITGEFÄHRTEN

Alexandrine (1803–1892), Prinzessin von Preußen, Großherzogin von Mecklenburg-Schwerin, Gemahlin des Großherzogs Paul Friedrich (1800–1842); würdigte Seidels Vater durch Teilnahme an seiner Beisetzung 1861

Brinckman, John Frédèric (1814–1870), Schriftsteller. Lehrer in Güstrow, wo Seidel ihn häufig traf

Bungert, August (1845–1915), Komponist, verkehrte im Kreis der Eggers-Brüder, vertonte Gedichte von Seidel (z. B. „Wenn die wilden Rosen blühen"). Scheiterte mit dem Versuch, Wagner durch einen „Antike-Ring" zu übertrumpfen

Dahn, Felix (1834–1912), Schriftsteller, war Mitglied des „Tunnels über der Spree" bis 1853 und später sein häufiger Gast. Von seinen Kollegen wegen seiner Germanophilie häufig verspottet

Eggers, Friedrich (1819–1872), Kunsthistoriker, Dichter, seit 1863 Professor für Kunstgeschichte an der Berliner Kunstakademie und Gastprofessor an der Gewerbeakademie. Eggers stammte aus Rostock und förderte Seidel während seiner Berliner Anfänge

Eggers, Karl (1826–1900), Jurist, Literaturhistoriker, Dichter, förderte die Entwicklung der Stenographie. Zusammen mit seinem Bruder Friedrich gab er den niederdeutschen Gedichtband „Tremsen" heraus. Seidel heiratete Eggers' Pflegetochter Agnes Becker und lebte zeitweise in dem Hause seines „Pflegeschwiegervaters" Am Karlsbad 11 in Berlin

Flemming, Walter (1843–1905), Mediziner, Professor für Anatomie in Kiel, Sohn des Psychiaters Dr. Carl Friedrich Flemming in Schwerin. Seidels Jugend- und Schulfreund. Seinen Namen verwendete Seidel später im Titel seines Romans „Reinhard Flemmings Abenteuer"

248

Fontane, Theodor (1819–1898), Schriftsteller, Mitglied des „Tunnels über der Spree", zeitweise Nachbar Seidels in Berlin, rezensierte Seidels Bücher in der „Vossischen Zeitung" und fördere ihn wohlwollend-kritisch

Giacomelli, Hector (1822–1904), Zeichner, lebte in Paris und galt als bester Natur-(vor allem Vogel-)zeichner seiner Zeit. Seidel schrieb die Texte zu den für die „Natursänger" (1888) von Giacomelli gezeichneten Stahlstiche. Seidel und Ciacomelli lernten sich nicht persönlich kennen

Glaßbrenner, Adolf (1810–1876), Schriftsteller, Journalist, Redakteur der Berliner Montagszeitung. Zusammen mit seiner Frau Adele Peroni lebte er zeitweise in Mecklenburg im Exil. Glaßbrenner druckte Gedichte und Kurzgeschichten Seidels in der „Montagszeitung" ab

Latendorf, Johann Friedrich (1831–1898), Lehrer, Germanist, Gelehrter. Latendorf war Seidels Lieblingslehrer am Gymnasium Fridericianum in Schwerin

Mark Twain (eigtl. Samuel Clemens; 1835–1910), Schriftsteller, Briefpartner und Gast Seidels in Berlin

Menzel, Adolph von (1815–1905), Maler, Graphiker, Mitglied des „Tunnels über der Spree", wo Seidel ihn kennenlernte

Moltke, Helmuth Graf (1800–1891), Militär, Generalfeldmarschall. Moltke stammte aus Parchim, wo ihn Seidels Urgroßvater getauft hat. Moltke seinerseits war Pate von Seidels Sohn Helmuth (* 1888)

Pietsch, Ludwig (1824–1911), Schriftsteller, Graphiker, Illustrator von Fritz Reuters „Ut mine Stromtid", verkehrte im Kreise der Eggers-Brüder und schrieb 1906 einen Nachruf auf Heinrich Seidel

Schwechten, Franz (1841–1924), Architekt, entwarf die Ankunftshalle des Anhalter Bahnhofs, deren Dach Seidel konstruierte. Sein bekanntestes Bauwerk ist die (alte) Berliner Kaiser-Wilhelm-Gedächtnis-Kirche

Seidel, Heinrich Alexander (1811–1961), Pfarrer, Dichter, Heinrich Seidels Vater; war seit 1851 Pfarrer an St. Nikolai in Schwerin

Skarbina, Franz (1849–1910), Maler, seit 1888 Professor an der Berliner Kunsthochschule, Mitglied der Berliner Sezession, Akademie-Senator. Skarbina war seit 1868 mit Seidel befreundet; er ist das Urbild des „Leichenmalers" in der gleichnamigen Vorstadtgeschichte

Stinde, Julius (1841–1905), Schriftsteller, Mitglied des „Tunnels über der Spree", verkehrte im Kreis der Eggers-Brüder; mit Seidel befreundet. Die Frau Karl Eggers' ist Vorbild für die Figur der Wilhelmine Buchholz in Stindes Erfolgsroman „Familie Buchholz" (1884/1895)

Storm, Theodor (1817–1888), Jurist, Schriftsteller, Dichter, Seidels „Lehrer", Vorbild und langjähriger Briefpartner. Storm besuchte Seidel in dessen Wohnung Am Karlsbad 11, Seidel widmete ihm seine Gedichtsammlung „Glockenspiel"

Trojan, Johannes (1837–1915), Schriftsteller, Journalist, Mitglied des „Tunnels über der Spree", enger Freund Seidels („Bruder Johannes"), sein Wandergefährte in der Rostocker Heide

Wex, Friedrich Carl (1801–1865); Pädagoge, 1833–1865 Direktor des Gymnasiums Fridericianum in Schwerin, Seidels Lehrer

Zum Grafiker

Werner Schinko

1929 in Wurzelsdorf (CSFR) geboren
1944–1945 Besuch der Fachschule für Glasmalerei in Gablonz
1946 Umsiedlung nach Röbel (Müritz)
Arbeit als Schriftmaler und Hilfsarbeiter
1951–1955 Studium an der Hochschule für bildende und angewandte Kunst Berlin-Weißensee bei Prof. Vogenauer, Jadzweski und Klemke
Seit 1955 freischaffender Graphiker in Röbel (Müritz), Illustrationen für den Kinderbuchverlag, den Hinstorff-Verlag, den Domowina-Verlag, den Verlag Volk und Wissen; freie Graphik, unter anderem zu Werken Fritz Reuters

Zum Autor

Jürgen Borchert

Geboren 1941. Lebt als freier Publizist und Schriftsteller in Schwerin. Buchautor und Herausgeber zahlreicher Arbeiten zu Themen der Kultur- und Landesgeschichte Mecklenburgs, Biographien und romanhafte Darstellungen zur deutschen Literaturgeschichte, hauptsächlich des 19. Jahrhunderts: Ludwig-Reinhard-Roman, Roman über Hoffmann von Fallersleben. Bekannt vor allem auch durch seine „Mecklenburgischen Zettelkästen".

Im Demmler Verlag sind bisher erschienen : „150 Schweriner", „Mecklenburgs Großherzöge", „Spaziergänge in Mecklenburg", „Vadder kocht", „Alexandrine. Die Königin von Mecklenburg". „Reuter in Eisenach", „Rostock. Ein Ort nach meiner Art". 1980 und 1987 Fritz-Reuter-Preis und 1992 Johannes-Gillhoff-Preis. Mitglied der Fritz-Reuter-Gesellschaft.

Rosen für Heinrich Seidel –
Der Schweriner Freundeskreis Heinrich Seidel e.V. lädt ein

*

„Das muß ein großes Glück ich nennen,
Daß Viele, die mich garnicht kennen,
So Mann als Weib, so Greis als Kind
Doch meine lieben Freunde sind."
(1902)

Es ist bekannt, daß Heinrich Seidel im Rosenmonat Juni geboren wurde und, daß er Rosen, diese Königinnen unter den Blumen, zeitlebens immer besonders mochte. So sollen auch an dieser stelle Rosen an den Ingenieur und Schriftsteller aus Mecklenburg erinnern, der die Dachkonstruktion für eine große Bahnhofshalle entworfen und gut geschriebene Geschichten und Bücher vorgelegt hat.

Der Bahnhof, der vom ingenieurtechnischen Können Seidels Zeugnis ablegen könnte, steht nicht mehr. Seine Texte und Bücher aber sind mehr oder weniger leicht zugänglich, und sie haben das Wieder-einmal-in-die-Hand-nehmen verdient.

Nicht zuletzt bietet die Beschäftigung mit dem Leben, Konstruieren und Dichten des Heinrich Seidels, geboren 1842 in Berlin/ Mecklenburg und gestorben 1906 in Berlin, vielfältige Gelegenheit, miteinander über Gott und die Welt, über damals und heute, über Kultur und Technik, über Natur und selbstverständlich auch über Literatur ins Gespräch zu kommen.

In diesem Sinne versteht der im Jahre 1996 in Schwerin begründete Freundeskreis Heinrich Seidel e.V. sein Werk als eine freundliche Einladung zur näheren Bekanntschaft mit einem „Unbekannten" mecklenburgischer Herkunft und zum gemeinsamen kulturellen Vergnügen, den Genuß neuester literarischer Zeugnisse heutiger Autoren sowie des einen oder anderen Seidel mit frischem Gerstensaft eingeschlossen.

Sollten wir nun auf uns und auf Heinrich Seidel neugierig gemacht haben, dann können Sie uns ja davon wissen lassen.

Unsere Anschrift lautet:

Freundeskreis Heinrich Seidel Schwerin e.V.
c/o Jürgen Seidel
Slüter Ufer 3
19053 Schwerin
Telefon/Fax: (03 85) 5 81 26 07